# 高機能広汎性発達障害の大学生に対する学内支援

中 島 暢 美

関西学院大学出版会

# 目　次

第Ⅰ章　問題の所在と目的………………………………………………………… 1
　　1．高機能広汎性発達障害
　　2．高機能広汎性発達障害の大学生
　　3．本書の概要

第Ⅱ章　事例 ………………………………………………………………………… 7
　　1．事例の概要
　　2．面接過程

第Ⅲ章　考察 ………………………………………………………………………… 49
　　1．高機能広汎性発達障害の大学生に対する学内支援
　　2．高機能広汎性発達障害の大学生の家族の障害理解と受容
　　3．学生相談室の連携の拠点としての機能
　　4．学生相談室カウンセラーの"通訳"の役割と陥穽
　　5．学生相談室における教育的面接
　　6．学生相談室における"視覚的手がかり"の活用
　　7．学生相談室における社会的常識テストの活用
　　8．青年期の高機能広汎性発達障害について
　　9．高機能広汎性発達障害の大学生の現実世界でのつきあい
　　10．高機能広汎性発達障害の大学生の仮想世界でのつきあい
　　11．高機能広汎性発達障害の大学生の就職活動について
　　12．高機能広汎性発達障害の大学生にとっての卒業という別離

第Ⅳ章　結論 ……………………………………………………… 85
　　1．高機能広汎性発達障害の大学生に対する心理臨床
　　2．今後の課題

引用文献 …………………………………………………………… 91
謝辞 ………………………………………………………………… 95

# 第Ⅰ章　問題の所在と目的

## 1. 高機能広汎性発達障害

　高機能広汎性発達障害とは、一体どのような障害[1]なのだろうか。
　広汎性発達障害（Pervasive Developmental Disorder：以下では PDD と表記する）は、DSM-Ⅳ-TR（2000/2007、以下では DSM と表記する）では、自閉的な病態を示す発達障害（Developmental Disorder）とされている。
　PDD の下位群である自閉症（Autism）の基本障害は、①社会性の障害（対人相互交渉の質的障害）、②コミュニケーションの障害（言語発達の遅れと特有の偏り）、③想像力の障害（拘り行動、興味の限局）であると理解されている（辻井，2003）。自閉症は、未だ「有効な治療法が得られていない、慢性的な障害をもつ病態」（Harteveld & Buitelaar, 1997）とされている。
　高機能広汎性発達障害（High-Functioning Pervasive Developmental Disorder：以下では HFPDD と表記する）は、DSM のような国際分類

---

[1] 近年、障害の「害」という字に問題があるとの指摘から表記についての議論がある。自治体では「障がい児・障がい者」あるいは「障がいのある人（方）」への変更の動きが広がっている。しかし、未だ表現変更に関しては賛否両論があり、本書では従来通りの表記とした。

にはない概念である。上述した自閉症の三つの基本障害は共通しており、「高機能」は知能が高いという意味ではなく、知的障害を伴わない（概ねIQ 70以上）PDDである。

PDDには、自閉性障害（Autistic Disorder）、レット障害、小児期崩壊性障害、特定不能の広汎性発達障害（非定型自閉症を含む）およびアスペルガー障害（Asperger's Disorder）が含まれる（DSM-Ⅳ-TR, 2007）。アスペルガー障害は、自閉性障害とは対照的に、臨床的には明らかな言語発達や他の適応スキルに遅れがないことが必須の診断基準とされている。

しかしながら、実際どのような状態像をPDD、あるいはHFPDDと診断するかとなると地域、文化や個人によって差異が存在する。臨床場面においては、乳幼児期に典型的自閉症行動パターンが観られても、青年期になると言語や他の適応スキルが順調に発達しアスペルガー障害に該当してくる場合や、早期から言語や適応行動に遅れが観られず、アスペルガー障害に合致する場合もある。

第83回日本小児精神神経学会（氏家，2000）で討論されているように、PDDやHFPDDと、注意欠陥／多動性障害（Attention-Deficit/Hyperactivity Disorder、以下ではADHDと表記する）、学習障害（Learning Disorders, Learning Disabilities、以下ではLDと表記する）との鑑別はもとより、ADHDやLDの症状を合併するアスペルガー障害なども存在し、PDDとHFPDDの下位群を明瞭に区分することは非常に困難であるのが現実である。それどころか、近年の疫学研究においてPDDの60〜74％に上ると指摘されているHFPDDは、日本の殆どの地域では障害と診断されておらず（辻井，2003）、福祉制度の対象外となってきた。

イギリス全国自閉症協会のWing（1996/1998）は、PDDやHFPDDという呼称を避け、重度の自閉症からアスペルガー障害、高機能自閉

症や特定不能の広汎性発達障害までを連続体の一要素とした。先述した自閉症の三つの基本障害を生涯保持し、一つの連続的な状態像を示す自閉症スペクトラム障害（Autistic Spectrum Disorders：ASD）として捉えたのである。そして、アスペルガー障害か否かの判断がなされたら、その上で能力のレベルとパターンを見極め、評価し、個々のニーズを解決することが臨床の場で重要であるとした。そこでは、HFPDDは高機能自閉症スペクトラムという基準にあり、知的障害を伴わないアスペルガー障害とされている。

　本書では、アスペルガー障害と診断された事例を提示した。しかしながら、本書では、大学における学内支援の対象となるであろう障害としてHFPDDという呼称を意図的に使用している。また、その学内支援のあり方には、HFPDDやPDDのみならず、ADHDやLD、さらには鑑別困難例（中島，2010）に対する学内支援にも援用可能な事柄が多々含まれているものと思われる。


## 2. 高機能広汎性発達障害の大学生

　HFPDDの大学生に繋る諸問題が、大学の学生相談において取り上げられ、公けになり始めたのは、およそ10年程前からではないだろうか。

　筆者が、本書の基盤となる論文を発表し始めた頃は（中島，2003, 2005, 2007, 2009d）、筆者も含め大学の学生相談に勤しむ現場のカウンセラーは、未知の学生に対する支援に日々困惑していたに違いない。筆者が日本学生相談学会24回大会のワーク・ショップにおいて講師を務めた際に、学生相談に関わる方々が多数参加されたのも、

HFPDDの大学生の情報を少しでも得ようという切実な思いからであったのだろう（「高機能広汎性発達障害の学生に対する学生相談室の支援活動－アスペルガー障害の学生の事例研究より－」2006. 5. 20.）。

　HFPDDの人は知的障害を伴わないため、普通児として育てられることが多いのではないだろうか。つまり、幼稚園、小学校、中学校、高校まで普通児として教育を受け、一般入試を経て大学入学を果たすHFPDDの人が多数存在していることが推測されるのである。筆者は、小学校、中学校や高校のスクール・カウンセラー、大学の学生相談室カウンセラーとして勤務したなかで、医療や福祉と全く繋がっていないPDDあるいはHFPDDと思しき数多くの普通児と出会ってきた（山下ら，2008、中島，2009a, 2009b）。しかしながら、この現実を客観的数値として正確に提示することは至難の業であると思われる。

　こうして大学生になったHFPDDの人には、社会性や対人関係の本能と直感が欠如しているため、大学生活において多様な問題が露呈する（福田，1998）。早期診断が行われないまま、あるいは経過観察が継続されて年齢を重ねている場合、その間に様々な「外傷体験や誤学習」（西脇，2003）を身につけていることが、二次的障害を引き起こしてしまっていることも稀ではない。また、たとえ医療機関に辿り着いたとしても、自己の内面を言語化することが苦手で、精神状態についての質問に適切に答えられないために、精神病と誤診されたり適切な治療が受けられなかったりする事態が発生し易いのである。

　このようなHFPDDの大学生を"正しく理解"し、彼らの心意を"通訳"するための中心的支援者となる学生相談室カウンセラー、および組織的な学内支援は今日の大学においては不可欠であると考える。しかしながら、HFPDDの大学生に対する組織的な学内支援については無視されてきた（Howlin, 1997/2000）時代が長期に亘った。そ

して、現在に至っても未だ十分とは言い難いのではないだろうか。従って多くの場合、学内では唯一の支援者となる学生相談室カウンセラーがその対応を一手に担い、四苦八苦することになるのである。

## 3. 本書の概要

　本書は、HFPDD の大学生に対して学生相談室カウンセラーが孤軍奮闘しながら行なった事例を通して、HFPDD の大学生に対する学内支援について深思に検討するものである。
　Ⅱ章　事例では、先ず、HFPDD の大学生の学生生活で観られる場面を可能な限りアクチュアルに記述する。また、HFPDD の大学生に対して行なった学生相談室カウンセラーの支援について具体的に詳述する。
　Ⅲ章　考察では、面接過程第 1～3 期について、支援のための環境整備段階として学生相談室が果たす機能と役割について考察する（1～4）。面接過程第 4～5 期については、具体的支援として HFPDD の大学生のコミュニケーション活動を促進する目的で試行した教育的面接について考察する（5～7）。面接過程第 6 期については、HFPDD の大学生の学生生活に貢献したと思われる友人関係に焦点を当て、友人関係が HFPDD の大学生にとってどのような意味があったのかを考察する（8～10）。面接過程第 7 期については、HFPDD の大学生にとっての就職活動（以下では、就活と表記する）や卒業の実際、およびそれらに対する学生相談室カウンセラーの支援について考察する（11～12）。
　さらに、Ⅳ章　結論では、以上から得られた知見を基に HFPDD の

大学生に対する心理臨床、および大学の組織的な学内支援について述べる。

　自閉症者が「環境との生きた関係づけが障害されている」(池村,2002b) とするならば、自閉症研究では「日常的な関係性についての視点に立った検討が必要」(菊地ら, 2001) であり、それは HFPDD の大学生に対する学内支援においてもいえることであろう。

　本書は、全く予期せず現れた HFPDD の大学生であるクライエントと、当該クライエントと関わらざるを得なくなった学生相談室カウンセラーとの、学生相談室における一事例がその起点となるものである。そこには、全ての心理臨床に通底する本質的意味が含まれているように思われる。また同時に、そこでは、HFPDD の大学生に対する大学の組織的な学内支援のあり方が問われているのだと考えられる。従って、本書の目的は、以上の二点について HFPDD の大学生と関わる全ての人と共有できるところについて探究することにある。

# 第Ⅱ章　事例

## 1．事例の概要

**クライエント**：Ａ子。来談時は大学１年生（18歳）であった。自宅からの通学生で、自ら来談した。

**主　　訴**：「自分の直すべきところについて」相談したいということだった。

**面接方法**：１回10～50分の面接が不定期に行なわれた。定期的に行なわれなかった理由については面接過程において叙述する。

**家族構成**：両親と弟（高校１年生）の４人家族で郊外の住宅地の一軒家に住んでいる。

**生 育 歴**：乳幼児期は、言語の遅れなど特に変わった点はなかったが、幼稚園では一人で遊んでいることが多かったということだった。小学校低学年頃も友人と遊ぶことは少なく、一人で絵を描くなど自分の世界に浸っていたようだった。ゲームのストーリーを書いて、それをもとに弟と一緒に遊ぶことはあったが、いわゆる"ごっこ遊び"をすることはなかったらしい。小学校５年生頃から授業中や他人の話を聞いているとときに居眠りをするようになったという。独言が出現し孤立し始めたため、中学１年生から３年生まで数回、児童相談所に通

ったが、診断名はなく、特に治療も受けてはいない。他人の表情やしぐさを読み取ることが出来ず、周囲が全く見えていないようだったらしい。自己中心的で、話しかけられても反応しないことが多いという。以上の内容の詳細は、面接経過第2期の父親同伴面接で明らかになった。

**面接初期の印象**：表情が稀薄で、不機嫌そうな顔や口調が顕著だった。中背痩せ型、ショート・ヘアで化粧はしていない。常にパンツスタイルで、真冬の雪の降る日でも素足に運動靴といった季節感のない服装が多く、年齢相応のおしゃれには全く関心がないようだった。話し方は形式的で固く一本調子で、繰り返しの返答が多く、ジェスチャーなどの動作は観られなかった。雑に様々な物が放り込まれたような大きな鞄から物を取り出すちょっとした動作一つにも手間取り、その不器用さがうかがえた。

## 2. 面接過程

以下では、クライエントの発言を「　」、カウンセラーの発言を〈　〉、その他の発言を《　》と表記した。

**(1) 第1期　病院への委託(リファー)と母親面接（X年6月～X+1年1月）**

#1、クライエント（以下ではA子と表記する）は、突然、黙って、学生相談室に来室し、話し始めると話が止まらなかった。無表情でぶっきらぼうな態度から学生相談室カウンセラー（以下ではCoと表記する）はA子が病態レベルであることを疑った。A子は、「今迄は周囲を気にしなかった」が「最近は人と上手く話したり、親しい間柄になるにはどうすればいいか考えている」と話す。しかし、Coが

話し出すと居眠りする。CoはA子に検査と適切な治療の必要性を説明し、病院を紹介し、行くように勧めた。

 #2、A子は「一緒に遊びに出かける友人がいない」と訴える。病院には受付が終了してしまった後に行ったので受診できなかったと話す。A子は「口うるさくて聞く気がしない」と母親への不満を訴えながらも、病院に行く許可を母親に得ようとしていた。CoはA子の了解を得て、学生課課長にA子の母親に電話してもらい、Coに取り次いでもらった。CoはA子を病院に行かせてくれるよう母親を説得した。母親はA子が中学生のとき受診した医師は病気の可能性は少ないと言ったと話し、A子の抱える問題についての認識が稀薄な印象を受けた。

 #3、A子は来室しなかった。そこでCoは、それまでA子が数回来室している隣接の保健室の看護師に次回の予約を取りつけることを依頼した。また、学生課課長には次回の予約ができなかった場合は母親と直接電話で話す意向を伝えた。

 #4、A子は保健室で予約して来室した。病院での検査では脳に異常は見られず「パーソナリティの問題」と言われたことを話す。A子はまた居眠りをした。薄目を開けた時にCoが微笑みながら〈大丈夫？〉と尋ねると、一瞬驚いた表情をしてから、「疲れた」と言う。A子は、面接の前日、図書館で女性を侮蔑する記事を見て腹が立ち、その後、保健室で怒鳴り散らしたことを話した。その件については、Coは保健室の看護師から事前に報告を受けていた。A子は中学生の頃からいじめなど暴力関連の記事を見たときに同様の状態になることを話す。「怒りの感情を中和するにはどうしたらいいのか」というA子の了解を取り、Coは母親に同伴面接の承諾を得た。

 #5～6、A子は母親と来室した。母親は小柄で温和な雰囲気で、ごく普通の専業主婦に見えた。A子と母親は時折顔を見合わせて話

したり、微笑み合い、仲の良い母娘という印象を受けた。母親はA子が《怒ると急に口調が変わり、普通の人ができるようなこと（時間を守る、他人と合わせるなど）ができない。》それらを《直すよう注意している》ことを穏やかに話した。母親のA子に対する認識は《怠惰で変わっている、躾の出来なかった子》であった。また、病院での診断名は「人格障害」であった。テグレトール（細粒50％）とメレリル散（10％）が処方されていた。Coには母親とA子がそのことをどのように受けとめたのか全く伝わってこなかった。しかし、A子は母親に、Coは「自分を一番理解してくれている人」だと話してくれていた。

#7、A子は語学サークルの仲間にからかわれやすいことを訴えた。そして、「以前はからかわれるのは自分に好意があるからと思っていた。今は相手にしたくない」と話す。

#8、A子は「試験前に勉強しているかどうか尋ねると、皆は『（試験のための）特別な勉強はしていない』と言う。本当のことを教えて欲しいんだけど！（怒声）」と言ってしまい、後で謝罪するらしい。A子は留年するかもしれないと心配していたが、Coは〈実際そうなったときに考えましょう〉と伝えた。

## (2) 第2期　学内での対処（X+1年4月～X+2年4月）

#9～10、A子は、長期休暇中は毎日、自宅のパソコンでゲーム製作をして過ごしたと話す。親に急かされてアルバイトの面接に数回行ったが不採用だったらしい。A子は、不採用の理由は自宅生である（経済的に困窮していない）ことだと考えていた。「親が理解してくれない。疲れることが多かった」と話し、出席日数不足で留年したことを報告した。CoはA子の了解を得て相談体制を拡張することにした。先ず、履修については、A子に上手く対応し相談にのってくれ

そうな学生課職員にA子を紹介した。次に、学業相談日を設けているB教員にアポイントメントを取り、A子と一緒に訪れ、今後も何かと相談にのってもらえるよう依頼した。A子は初期から無断キャンセルや大幅な遅刻が多く、いくら理由を尋ねても明確な返答は無かった。徐々に、それがA子の障害の特徴として顕著となり、相談日はCoが学内を探し回り、相談室に連れて来ることになった。従って十分な面接時間を取ることができず、A子の近況を聞く程度に留まることも多かった。

　♯11〜14、「人と行動するのが苦手」なことが母親との口論や語学サークルでの人間関係の困難さを引き起こし、A子にとってはそれらが過重なストレスになっていた。しかし、インターネット上に漠然とした中傷文を書くことによって「落ち着く」と、A子なりのストレス対処を行っているようだった。また、新たに音楽サークルにも入り、「ある部分は主張してある部分は皆とやってと、バランスをとっている人が音楽をやっている人には多い」と話す。Coは〈そうできたらいいのかな〉とA子の新しいサークル活動を支持した。Coは、他者の表情やしぐさを読み取ることは「できない」し、自分中心的なので「考えていない」と話すA子の「人格障害」(♯5〜6)という診断名に疑問を持つようになっていた。そこで、A子の了解を得て、チューターのC教員からA子の入学時からの様子と留年の経緯を聴取した。C教員の話によると、A子は専攻科目の授業では個人発表や課題遂行には問題なく成績はむしろ良い方だった。しかし時折、問題の意味を取り違えた解答をしていたり、出された課題と異なる内容のレポートを提出していたことがわかった。また、授業中に涎を垂らして熟睡していたり、講義と直接関係のない事柄に固執して教員に質問し続けたり、他の学生とのグループ・ディスカッションが全くできなかったりするために専攻クラスでは浮いている存在ということだっ

た。Coは、入学時からのA子を良く知っており、親身な対応を続けていたC教員に協力を求めた。CoはC教員に、A子の診断名およびA子のこれまでの不適応行動からそれ以外の問題の可能性もあること、親面接を行うこと、新たに校医に就いた精神科医に診断を依頼する予定であることを伝えた。C教員からは、A子への今後の対応についてはチューター個人の裁量を越えるものであるため、学科会議で検討する案が出された。Coは、学科会議において、進級対策も含めてA子の障害理解を求めることを提案し、日程などの調整はC教員に一任した。

#15、CoはC教員と協議した内容をA子に伝えた。その直後に、B教員とD教員の二人が学生相談室に来室した。周囲の雰囲気を全く察しないところがあり、大教室での講義中に突然手を挙げて何度も質問したり（授業内容に添っていない質問が多い）、このように意欲的かと思えば欠席が続くなど、A子のこれまでの奇怪な授業態度から、今後の受講についての懸念が話された。CoはA子の診断名に益々疑惑が募った。Coは守秘義務を確認した上で、B教員とD教員の二人にA子の事情と現況を伝えた。CoはA子の父親に架電し来談をお願いした。

#16、A子と父親の同伴面接となった。父親は大柄で温和な雰囲気で、常識的なごく普通の父親という印象を受けた。ここでCoはやっとA子の生育歴の詳細を知ることとなった。そして、父親の口から、他者の表情やしぐさを読み取ることができない、周囲が全く見えていない、自己中心的で話しかけられても反応しないことが多いといったA子の特性が明らかにされた。Coは、父親にA子の学内での状況を説明し、校医の診察を受けることをお願いした。また、学科会議において学科でA子をフォローしていくことについて話し合うことの了承を得た。そして、父親にC教員を紹介し、守秘に留意する

ことを約束した。C教員と再度話し合い、①Coが学科会議に出席する、②D教員の講義はA子が受講を継続しないと言っているので現在は触れない、③予想される専攻以外の単位取得の問題については随時対処することとした。B教員とD教員には結果を報告し、校医には経緯を説明して診断を依頼した。校医の診断は、《アスペルガー障害を強く疑う。周囲の人々、環境により改善する可能性が高いタイプと思われ大学での援助を切に希望する》というものだった。Coは学科会議で、A子の学内におけるこれまでの状況と、校医による診断結果を報告した。アスペルガー障害についての説明では、怠学ではなく障害による不適応行動に対する学内支援とそのための連携の必要性を訴えた。教員からは《障害があるということで単位認定するのか》といった質問が出されたが、Coは〈A子のために伝えるべき事情は伝えた〉が、〈成績評価は先生方の常識的判断〉に委ねるべきであり、A子もCoも無条件に〈単位認定を依願しているわけではない〉と応じた。また、具体的支援についての質問に対しては、出席や、ディスカッションなどのグループ・ワークでA子にとって困難が生じた場合は、レポート課題などの代替策で補う方法を例示した。そして、随時Coに相談して欲しいと協力を仰いだ。大した議論もなく、概ねの理解を得てA子は進級した。

(3) 第3期　教員・校医との連携（X+2年4月～8月）

＃17～20、A子は「親密な友人がいない。アルバイトをしていないし、社会勉強が足らない、身につかなければいけないものが身についていない」と訴える。しかし、「約束は守らなければならない」と言いながらも面接の予約時間は守れず、無断キャンセルも多かった。

授業の遅刻も続いており、Coは学科の教員から、A子が《更にレベルアップした講義方法についてこられるのか》、《質問に固執した場

合はどうするのか》といった授業における具体的対処について相談を受けるようになった。Co は、講義方法については問題が起こったときにそのつど話し合うことにした。質問については、Co から A 子に授業中での質問を暫く控えるよう伝えることにした。どうしても質問がしたい場合は授業後に直接先生に尋ねるように話すと、A 子は「ある先生から"出る杭は打たれる"と聞いた」と言って納得している様子だった。また、Co は C 教員からは A 子の様子を適宜聴取するよう務めた。さらに、Co は校医と連携を取ることによって A 子についての理解が深まり、校医による親面接によって A 子の環境的支援が広がった。このように、校医との連携は学内で独り奔走していた Co にとっての精神的支援となった。

**(4) 第4期　視覚的手がかりの試行（X＋2年11月～X＋3年6月）**

　#21、Co は校医から A 子が警察沙汰を起こした話を聞き動揺していたが、A 子は全く現れず、約半年後に来室した。A 子は「インターネットより生身の人間の方が大事」と音楽サークルについて楽しそうに話し、飲み会や学祭参加と普通の大学生らしい大学生活を満喫していた。他方、朝起きられずに相変わらず遅刻が多いらしく、母親からの叱責を攻撃的口調で訴えた。Co は次回面接日時を付箋に書いて手渡し、常に目にすることができるよう定期入れに貼ってもらうことにした。

　#22、A 子が無言で入室したので、①（A 子が）廊下でドアをノックする→②〈どうぞ〉と（Co が）言う→③（A 子が）入室する、という練習を何度か行なった。成功したら Co が指で OK サインを出し、〈OK〉と言った。その後、A 子は母親に態度や言葉使いを叱られた話を繰り返し、Co は A 子の感情を言葉にして返し、確認した。

　#23、A 子は託児所でのアルバイトを始めていた。路上でギター

を弾きながら歌っていたところ、託児所の所長に声をかけられたのだという。A子は、託児所で子ども達に幼児教育ビデオを観せている話をし、「幼児教育ビデオなんて自分の頃はなかった。こんなこと言ったらオバン臭いと言われるけど」と言って笑う。Coは胸が熱くなり、〈冗談が言えるようになったのですね〉と返した。授業、音楽サークルにアルバイトと多忙を極め風邪をひいたらしい。鼻をすすっているA子に〈あなたは風邪が鼻からくる人なのね〉とCoが言うと、A子は上目使いに怒ったように睨み「何がっ！」と言い放った。Coは思わず吹き出したが、〈それはどういう意味ですか〉と聞くようにと訂正した。

　＃24、Coは面接での会話を紙に書いて、それをA子に即座に見せて読ませる"視覚的手がかり"を導入することにした。先ず、A4用紙縦4分の1（8×21 cm）の紙に、黒色ボールペンで横書きし（36フォント程度の大きさで2行までの文字）、A子の目の高さで30 cm程度の距離で提示する。次に、それを発話（聴覚刺激）と文字（視覚刺激）の両方で反復するというものである。A子が「忘れ物をしなくなることは都合が良い」と言うので、面接で話したことを忘れないためと"視覚的手がかり"導入の了承を得た。"視覚的手がかり"を提示すると、A子は文字に引きつけられるように眼を大きく見開き、書かれた文字に集中している様子が窺われた。面接終了後には、"視覚的手がかり"の複写（コピー）を必ず手渡した。A子が落ち着いている様子だったので、Coは警察沙汰になった事（＃21）を尋ねてみた。A子によると、通学途中の駅に設置されていた虐待の冊子の内容に激昂し、周囲の人に怒鳴り散らし、通りすがりの女性を叩いてしまい、警察に連行され話を聞かれたという事だった。A子は「あれはまずかった」と言うものの、女性への謝罪の言葉はなく反省している様子は観られなかった。Coは［見知らぬ人を怒鳴ったり叩いたりすること

はまずい[2]ことなのですね]と"視覚的手がかり"を提示した。A子は「内容が虐待とかだと突然そうなる。自分が被害を受けたように思う」と話す。Coは［虐待などの記事を見ると自分が被害を受けたように思うのですね？］と"視覚的手がかり"を提示した。A子は「トラウマかな」と呟いた。

　#25、A子は小学生の頃から要領が悪く、「他人と明らかに違って」、高校生までいじめに遭っていたことを話す。Coは［他の人と違っていたのでいじめられたと思っているのですね？］と"視覚的手がかり"を提示した。A子は「忘れたので断片的ですけど」と応えた。Coが〈忘れたいことだものね〉と応じると、「忘れたいのかどうかわかりませんが（怒ったように）！本で読んだ人を自分と重ねて見ているかもしれない」と言う。Coは［本の中でいじめを受けている人と自分を重ねているかもしれないのですね？いじめられたことが心の傷になっているのですね？それで自分を重ねて見てしまうのですね？］と"視覚的手がかり"を提示した。A子は「そういう経験を相談できない苦しみや相談するのが恥ずかしいというのはなかった。それでまだ救われていた」と話す。

　#26、A子は来室せず、Coは事前にキャンセルの連絡するよう促した。

　#27、A子は遅刻して来室した。A子は、音楽サークルは「行かねばならないから忘れない」と言う。Coは［行かねばならないから忘れないのですね］と"視覚的手がかり"を提示した。〈カウンセリングは…〉とCoが言いかけるとA子はその言葉を遮るように「行かねばならないと思っていますよ！先生との約束だから！先生が心配するから！でも何かに熱中すると忘れる」と言う。Coは［熱中すると忘れてしまうのですね］と"視覚的手がかり"を提示した。

---

2　Coは、A子が使用する語を"視覚的手がかり"に取り入れた。

#28、A子は来室せず、Coは事前にキャンセルの連絡するよう促した。

#29、A子は1限目の講義を殆ど欠席しており、棚上げしていた専攻以外の単位取得の問題が浮上した。CoはA子の依頼を受けて各担当教員にA子が学生相談室と校医で支援している学生であることを伝え、殆どの教員の理解を得ることができた。しかし、講義終了間際（10分前くらい）に入室して前列に堂々と座ったり、遅刻しておきながら講義と無関係の課題をするA子に対する教員の憤怒や嫌悪がCoに向けられることもあった。

#30、A子は予約時間外に急に来室した。Coは［約束を守るのは社会規則（ルール）として大切なことですね］と"視覚的手がかり"を提示し、入室を制止した。

#31、A子は講義終了間際に入室したり、講義と無関係の課題をするといった（#29）不適切行動について「答えられる理由がない」と言うも、〈本当の事〉が知りたいと尋ねるCoに"A子の理由"を教えてくれる。先ず、講義終了間際に入室して前列に堂々と座るのは、多くの学生が後部座席から座っていくため前列しか空席がないからだということだった。次に、講義と無関係の課題をするのは、数分で終了する講義より次の講義の準備をした方が合理的だからということだった。それは社会性が欠如しているものの、頷けないものではなかったのでCoは唸った。しかしながら、A子は音楽サークルでは「その場に居辛くなる」ため、遅刻しないよう気をつけているようだった。CoがA子のことを全ての教員に理解してもらうのは難しいと弱音を吐くと、「そりゃあそうです」ときっぱり返された。

#32～34、A子はなんとか進級し、来室の挨拶も定着してきた。しかし、我々には前年度の失敗を克服する上策が必要だった。Coは面接で獲得した技術（スキル）は面接以外でも使うよう繰り返し伝えていた。A

子は託児所でのアルバイト（#23）について書き留めたノートを持参した。Co は、ノートに書かれてある内容に非常に驚いた。その内容は次のとおりである。「〇月×日、爪は切っておくべきなのですね？子どもの着替えのときに危ないのですね？気になるものは見せてくれませんかと言ったらいいのですね？服が濡れないようにおしっこさせるようにするのですね？お菓子を分けるとき強く掴んだら汚いのですね？」Co は、"視覚的手がかり"が思っていた以上に A 子に影響を与えていることを確信した。そして、「学校の時刻を守る前に電車の時刻を守らなければならない」との A 子の発言をヒントに、Co は"自宅出発時刻表（以下では時刻表と表記する）"と"成功・不成功表（以下では〇×表と表記する）"を作成するに至った。"時刻表"は、A4用紙に1週間の自宅出発時刻を時刻によって色を変えて表記した。A 子と一緒に作成し、Co が1限目の日を赤色にすると「教科書も重要なところは赤ペンで引きますね」と笑顔で言い、納得している様子だった。"時刻表"は自室ドアと目に付く所の2ヶ所に貼るよう指示した。"〇×表"は、B5用紙に次回面接までの日付を表記し、成功は〇、不成功は×を記し、次回持参するよう指示した。A 子は「こんなふうにはっきり言われた方が良くわかる」と言い、嬉しそうだった。

　#35、結果は前半4回成功、後は連続不成功だった。Co は初回としては〈OK、3割はイチロー並み〉と A 子を誉めた。そして、［×があってもいいので〇が続くようにして下さい］と"視覚的手がかり"を提示すると、A 子は驚いたような顔からパッと笑顔に変わった。パソコン作業に熱中し就寝が深夜になってしまうが、12時迄に寝ると朝起きられると話すので、Co は（A4用紙縦4分の1の紙に）［就寝　12時］と書いた"就寝時刻"を2枚手渡し、パソコンと自室ドアに貼るよう指示した。

＃36〜38、A子は自ら携帯にアラームを設定し定刻に来室するようになった。しかし、予約外に現れ、Coが次回聴くと告げて部屋に入れないと「忘れてしまう〜！」と絶叫することもあった。Coは［約束の時間内で話して下さい］と"視覚的手がかり"を提示して心ならずも追い返した。A子は過去のいじめの体験から「そういうふうに扱われないよう」大人しくしていたと告白した。Coが〈あなたの才能のあるところで目立てればいいのね〉と言うと、A子は「そう、その部分！」とインターネット・ゲームの話を生き生きと語った。A子は自作のゲームでコンクールの受賞を果たしており、作品が掲載された雑誌を恥ずかしそうに見せてくれた。CoはA子が何かと世話になっている保健室の看護師にも知らせようと誘った。保健室の看護師に「すごいねえ」と絶賛されるとA子は照れながらもとても嬉しそうだった。

(5) 第5期　社会的常識テストの試行（X＋3年7月〜10月）
　＃39、A子は授業中に他の課題をする（＃29、＃31）より、図書館の方が集中出来るので止めた方が良いと考え直したと言う。Coは［授業に集中する方が良いのですね］と"視覚的手がかり"を提示した。独語が続くのでCoが何度か尋ねると、A子は「自分本位ってどういう基準で言うのかな」と呟く。Coは、すかさず〈そんなふうに教えてもらわないと、あなたをどう助けていいのかわからないから〉と伝えた。A子は「でも他人と喋っている時に自分の世界に入るのは良くない」と言う。Coは［他人と喋っている時に自分の世界に入るのは良くないですね］と"視覚的手がかり"を提示した。〈どんな時に自分の世界に入る？〉とCoが尋ねると、A子は「突発的に入ることが多い」と言う。Coが〈じゃあ、自分で止められないね〉と応じると、A子は「自分で止められるかも」と呟いた。

#40〜41、A子は定刻に来室した。入退室時の挨拶も定着した。Coは"社会的常識テスト（以下ではテストと表記する）"（資料1）をA子用に書き換えて導入することにした。先ず、A子に全問回答させ、次に、A子に1問ずつ声に出して問題を読ませてから、A子とCoが一緒に回答について話し合う形式をとった。A子は回答の基準を、Bは他人に不審に思われるが信頼を失うほどではなく繰り返したら信頼を失う行動。Cは信頼を失う行動。Dは大騒ぎになる行動。CとDはニュアンスが違い、B〜Dはしてはいけないことと弁別していた。問1、2問目（B）について、A子は「2品目くらいなら許容範囲。何で彼女は急にレジの通路に入ったのかひっかかった」と話した。Coは［知らない人がぴったりくっついたら驚くし怖いですね］と"視覚的手がかり"を提示した。3問目は、「怒声をあげたりして犯罪にあったみたい。慌てたかもしれないけど人が多い所で叫んだというのが（D）」と答えた。Coは女性の気持ちを説明し、［緊急事態では「助けて」と叫ぶのはかまわない］と"視覚的手がかり"を提示した。そして、A子にも〈女の子なんだから〉気をつけるよう伝えた。A子が「誤解される方は誤解する方の10倍悪い」と言うので、Coは〈知らなかったから誤解された。適切な行動を知れば良いのですね〉と応じた。問2、1問目（A）について、A子は「こういうふうに聞いたら美香の緊張も解ける」と言う。2問目（C）については「人前で化粧をしたり髪をとくのはおかしい」と答え、Coが間違ってはいないが別の理由があると言うと、A子は次々と答を考えた。A子は「家ですることだから。…鏡を見たこと。くしを持ってなかったこと。その見知らぬ人が面接する会社の人だったらまずい」と答えた。Coはいちいち納得しつつも違うと応えた。考えたA子が「変なふうに髪の毛が逆立っていたこと」と言ったので、Coが我慢できずに思わず吹出した。A子は「なんだかクイズみたいになってきましたねえ」

と楽しそうだった。A子は「くしを持ってなさそうな人に聞いたことですか」と聞いた。Coは［見知らぬ人にくしを借りるのは変な行動ですね］と"視覚的手がかり"を提示した。すると、A子は「それは盲点でしたね」と言う。問3について、A子は"甥"は誤植ではないかと言うのでCoが説明すると理解した。1問目（B）について、A子は「立て札があるから本当はやってはいけない。立て札がなかったらいい」と答えた。2問目（D）について、A子は「見知らぬ人に赤ちゃんを触られたらびっくりする。周りがびっくりするような行動は全問題の中でこれだけかもしれない」と話した。A子は、問4、1問目（B）について、「失敗は誰でもある。あまり気にし過ぎない方がいい」、2問目（C）については「仕事だともう一度名前を聞き難い」と答えた。Coは［仕事だからこそ失敗を謝って、もう一度聞き直すべきですね］と"視覚的手がかり"を提示した。3問目（B）について、A子は「この人の収入がわからないので判断できない」と答えた。

#42、A子から電話が入り、話があると言うのでCoは面接で聞くと応じた。再度電話が入り、A子は面接に遅れると告げる。A子は終了10分前に来室し、面接の時間がないと言って怒り出す。1回目の電話は自宅の最寄駅からかけていた。電車を待つ間に近くを散策していたら、電車に乗り遅れるということを繰り返したらしい。Coは電話の応対について、［今は話せますか？遅れてしまったので、〜時頃に着くと思います］と"視覚的手がかり"を提示し、A子に復唱させた。Coは〈次から使ってね〉と伝えた。面接の時間がないと文句を言い続けるA子に、〈誰が悪いの？まず、どう言うべき？〉とCoが尋ねた。A子は少し考えて「遅れてすみませんでした」と言う。Coは［今日は電車に乗り遅れて来るのが遅れました。すみません。（一番先に言うことば）］と"視覚的手がかり"を提示した。CoはA子

が2度も電話してきたことを〈今日はそれだけで来てくれた価値があった〉と誉めた。しかし、A子は先回の"テスト"の続きがしたくてしたくて仕方がなかったので落胆が大きかった。次回面接まで長いと嘆き、終了を告げても独語を続け中々退室しなかった。

#43、しかし、A子はシャワーを浴びてしまったためにまたもや遅刻した。Coは［携帯のアラームが鳴ったら、他のことをしたり寄り道せず、まっすぐに面接室に来ましょう］と"視覚的手がかり"を提示し、前回の電話連絡を再び誉めた。A子が「でも遅刻しないほうが良い」と言うので、Coは［一番良いことは遅刻しないことですね］と"視覚的手がかり"を提示した。A子は"テスト"を早く進めたいあまりに、問題をテープの早回しのように読むので、Coは笑いを堪えながら、ゆっくり読むよう再三注意しなければならなかった。問5、1問目について、A子は「時間に遅れそうになったら普通はパーッとやるので（A）」と答えた。Coが〈あなたもパーッとやる？〉と尋ねると、A子は「建前ではそうですけどあまりやってない。余裕をもってやりたいのが本音」と言う。2問目（C）について、A子は「ごく親しい間柄ですること。周りに聞こえるようだったら（D）」と付け加えた。Coが終了を告げると怒り出し、親に何も変わってないと言われたと訴える。Coは、挨拶ができるようになったことや事前に電話で連絡するようになったA子の良い変化を挙げた。また、DSMのアスペルガー障害について書かれた複写(コピー)を手渡して両親にも見せるよう伝えた。退室時、丁寧に挨拶しながら帰るA子を、Coは〈ほら、できているでしょう〉と拍手で送った。

#44、A子は、「もっと喋れる（喋りたい）」からと10分前に来室した。問6、1問目（A）について、A子は「世間には色々な人がいる。宗教上の理由や菜食主義とか」と笑いながら話した。Coは日本社会ではどうかと尋ねてみた。A子は「食べられませんと言うのは

冷たい。残す。持って帰って食べる」と答えた。Co が〈入れ物持って行く？〉と言うと、A 子は「ははは」と屈託なく笑い、「体質的な理由がない限り頑張って食べる」と言う。Co は、[食べられないものが出たとき、1. 残せる場合は残す。2. 可能な場合は持ち帰る。3. 体質的な理由がある場合は「ごめんなさい」と断る。4. 我慢できる限りは食べる。5. バイキングでは食べられるものだけ食べる]と"視覚的手がかり"を提示した。A 子が菜食主義の留学生の話をしたので、Co が〈あなたも異文化人だから〉と言うと、A 子は「それは大袈裟。変な人。常識という基準が違う」と言う。Co は、〈社会生活で困るところは基準を合わせた方が良いですね〉と応じた。2 問目（A）について、A 子は「人づき合いをするときに時間が無駄だと考えるのは失礼。あっ、挨拶する前に時間を聞いたのがおかしい」と答えた。Co は〈良いところに気がついたね〉と褒めた。3 問目（B）について、A 子は「人前で食べたのなら（B）。こっそり食べたのなら（A）」と答える。Co は、〈ふんふん〉と聞いていた。4 問目（C）について、A 子は「思ったことを言ってしまうタイプなのかな」と言う。Co が〈あなたと似ている？〉と尋ねると、A 子は「そうですね」と嬉しそうに笑う。Co が質問を続けた。〈例えば友人達に食事に誘われる。お腹は空いていないけど行きたい…〉と言うと、A 子は「多少我慢して行く」と答える。Co が〈各自好きなものを注文する…〉と言うと、A 子は「注文した料理を『美味しいから』と言って分けてあげる」と答える。Co が〈友人達も分けてくれるのでは？あなたのお皿はいっぱいになる〉と言うと、A 子は「はあ〜っ」と大きく溜息をついた。Co は、[お腹が空いていないときは友人に自分の頼んだものを食べてもらう。「私あまりお腹空いてないから少し食べてくれる。食べてくれたら助かる。ありがとう」]と"視覚的手がかり"を提示した。A 子は声に出して読み、Co が〈使ってね〉と言う

と「はい」と素直な子どものような返事をする。Coが終了を告げると、A子は"テスト"があまり進まなかったことを話が逸れたのが悪かったと悔やんだ。Coは［早くすれば良いのではなく、一緒に色々と方法を考えつつ進めていくことが大事なのです］と"視覚的手がかり"を提示した。すると、A子が「答えは一つではないし」と言ったので、Coは〈そうですね〉と支持した。

　#45、Coが電話中にA子が無言で入室したので、Coが電話中の時の入室の仕方を練習した。①（A子が廊下から）ドアをノックする→②Coが〈電話中です〉と言うと（A子は）入室しない→③Coが〈電話終わりました〉と言っても（A子は）入室しない→④Coが〈どうぞ〉と合図のことばを言うと（A子は）入室する。CoはA子が上手くできたところで、指でOKサインを出し、〈OK〉と言った。A子は、DSMの複写（コピー）を両親に見せておらず、理解してもらおうと思っていないと話す。Coは、［家族には理解してもらった方が良いですね。自分自身は自分のことについて理解していくべきですね］と"視覚的手がかり"を提示した。Coは、A子がいつものように"テスト"を急かさないので理由を尋ねると「早くすることに意味がないことがわかった」と応える。A子は、問7、2問目の（B）を（A）に変更した。A子は、「全く食べないのは我慢しすぎ。なんでだろうと思われるかもしれない。"食べられるものがあまりないパーティでは～帰宅してからにしました"の文の意味がわかり難い。パーティの食べ物を持ち帰ったのではないのですね？"食事は帰宅してからにしました"だったらわかり易い。これは"立ち食い"なのか？」と聞く。Coは〈立ち食い？立食ですね〉と応じるも笑いを堪えることができず、A子も笑い出し、2人で爆笑してしまう。A子は少し照れたように、「はい、そうでした。食べてばかりで交遊がないのなら（B）」と答えた。A子は、「飲み会に行ってもあまり食べず喋っている。食事は家

に帰ってからできるから」と話す。Coは［人と一緒のときはお喋りを楽しむ方が大事ですね］と"視覚的手がかり"を提示した。問8、1問目（C）について、A子は雇われた家で食事をすることを躊躇っていたが「最終的には（A）」と答えた。Coは、［他人の家では「洗面所を借りてもよろしいですか、台所で食事をとらせてもらってもよろしいですか」とまず聞く］と"視覚的手がかり"を提示した。A子は、最近は遅刻していないと言いながら、"○×表"を取り出してその場で○を入れた。殆どが○だったのでCoは〈良かったね、おめでとう〉とA子と握手した。A子は気恥ずかしそうに俯いた。

**資料1【社会常識テスト】** ※（　）内にはA子の回答を表記した。

問題：以下の文章には、太字で記された部分があります。（　）は、その末尾に続きます。もしもそこにあなたが居合わせたとしたら、多くの人は太字部の行動をどう判断すると思うかを自分の考えに従って評価してください。それには、次の基準を用いて下さい。
　　その状況で、A…全く正常な行動、
　　　　　　　　B…いくぶん奇妙な行動、
　　　　　　　　C…ひどく逸脱的な行動、
　　　　　　　　D…ショッキングな行動

1. 高級スーパーマーケットで
　正夫がときどき買い物する高級スーパーの入り口には、「サンダル履きでの入店を禁ず」という小さな掲示が出ていました。夏のある日、正夫は一人のすてきな女性がサンダル履きで店内に入るのを見ました。彼女は、彼と同じ20歳くらいで、ロングスカートを着用していました。正夫は彼女に掲示に注意を促そうとしましたが、話しかけるのをためらっていました。知らない女性に話そうとすると、いつも厄介なことが起こるのでした。ついに彼は、**彼女の足元を店長の目から見えないように遮ってしまおうと決心しました。彼は通路を巡るたびに自分のカートを彼女のカートの後にぴたりと寄せて行きました**（B）。一度か二度、その彼女はむっとした表情で彼を振り返りました。彼女のカートには12品目入っていまし

たが、彼女は急に「10品目以下の方」と掲示されたレジの通路に入っていきました（B）。正夫は前よりさらにあわてました。彼は、このすてきな女性はもう一つの規則を破ることで自分を危険にさらそうとしているのだと考えました。レジの係員が何も言わずに彼女を通したので正夫はようやく安心しました。するとそのとき、サンダル履きの女性は彼を振り向くと「なんでついてくるの。どこかへ消えうせて。でないと警官を呼ぶわよ！」と叫びました（D）。

2．エレベーターで
　23歳の美香は、何ヶ月も仕事を探していました。この日は、自分に適任だと思える仕事の申し込みに行く途中だったので、期待に胸を踊らせていました。面接に向かうエレベーターに乗っていたとき、一人の見知らぬ人が、愛想よく「今日はいいお天気ですね」と声をかけてきました（A）。たまたまそのとき、美香はエレベーターボタンの側についた鏡に写った自分の姿を見ていました。髪の毛は変なふうに逆立っていて、彼女はくしを持ってきていませんでした。彼女は親しげな見知らぬ人の方を振り向くと、「すいませんが、くしをお持ちですか。できればちょっとお借りしたいのですが」と頼みました（C）。

3．公園で
　25歳の洋子は、中心街のオフィスで OL をしています。昼休みには公園にお弁当を持って行って陽の当たるベンチに座って食べます。彼女はよくサンドイッチをちぎって地面にまいて、それを鳩に与えました（B）。ある日、いつものベンチに来ると、そばに赤ん坊をのせた乳母車が止まっていました。洋子は、一人の若い女性が少し大きな子どもを近くのブランコに乗せているのに気づきました。乳母車の中の赤ん坊が泣き出しましたが、母親はブランコがきしむ音でそれが聞こえませんでした。さて、洋子は甥の赤ちゃんが泣き叫んだとき、おむつがずれていることがあると教わっていました。公園にいる母親の手をわずらわせるよりも、洋子はおむつがずれていないかすぐに赤ん坊の衣服を調べました（D）。

4．忘れていた名前
　23歳の浩一は、中古家具の修繕屋を開いていました。顧客からの依頼で自宅を訪ねて仕事をすることもよくありました。あるとき、年配の婦人客から自宅で机をきれいに塗り直して欲しいと依頼を受けました。困ったことに、浩一はそのときの客の住所をメモしたのに名前を書き忘れてしま

いました（B）。婦人は玄関で「どうぞお入りください。腕前は評判ですよ」と彼を暖かく迎えました。浩一は、名前を忘れてしまったのを恥ずかしく思ったので、婦人が部屋から出て行くのを待って、机の引出しの中をのぞき込みました（C）。思ったとおり、そこには田中ふみ江様と宛名が書かれた手紙が何通か入っていて、浩一も忘れていた名前を思い出しました。ほっとひと安心して浩一は引出しを元どおりに戻して、机を手早くきれいに塗り直しました。できあがりを見た婦人は、「とてもいいわ。どのくらいお支払いしたらよいかしら」と尋ねました。浩一は「そんなに長くかかりませんでしたので千円で結構ですよ、田中ふみ江さん」と答えました（B）。

5. 飛行機内で
　19歳の京子は、飛行機で旅行に出る日の朝、寝坊をしてしまいました。起きたときには着替えをして空港に行くだけの時間しかなかったので、朝食は抜きにしました（A）。昼には、スチュワーデスが昼食を配りにきましたが、京子はそれまであまりに空腹だったため、一人前では足りませんでした。通路の向かいを見ると、小さな女の子が食事をもてあそんで「私、食べられない」とぐずっていました。父親が残すように言っていたので、それ以上はいらないようでした。京子は通路に身を乗り出して「お子さんの食事がいらないなら私に頂けないでしょうか」と尋ねました（C）。

6. 夕食への招待
　22歳の和雄は、一人暮らしをしています。彼はとても神経質でしたが、2時間おきに食事をし、それも特定の食品に限っていれば気分は良好と自分では思っていました。ある日、両親と親しい婦人から電話で夕食に招待されました。和雄は喜んでその招きを受けました。しかし、彼は事前に肉類は全然食べないこと、野菜には塩分を加えないでほしいと断っておきました（A）。約束の時間に婦人の家に着いたとき、彼は2時間のあいだ何も食べていなかったことに気づきました。時間の無駄を省いて、彼は婦人に挨拶する前に、「食事はいつから始まりますか」と尋ねました（A）。婦人は1時間後と答えました。これを聞くと、和雄はカバンを開けて、おにぎり二つを出してすぐに食べました（B）。そのあと、彼は婦人に家族を紹介されて1時間ほど話しました。夕食の始まる頃、婦人は彼においしそうなパンとサラダの盛り合わせを見せて、これで足りそうかと尋ねました。和雄は「十分です。ありがとうございます」と答えて「で

も、よろしければあと1時間してから頂きます。ぼくは1時間前に食べたばかりなので」と言いました（C）。

7. 禁止された食べ物
　道代は、慢性の糖尿病でした。医者からは重大な合併症予防のために食事に気をつけるよう言われています。知人宅に食事に招待されたときには、前もってそのことを話しておきました。立食パーティなどでは禁止された食べ物を自分の皿に取らないようにして問題を自分で処理していました（A）。禁止された食べ物を誰かに勧められない限りは病気のことは話しませんでした。勧められた場合には、「ありがとうございます。でも私は糖尿病なのです」と言って断っていました。食べられるものがあまりないパーティでは、人との会話や交遊を楽しみ、許可された食べ物を口にするのは帰宅してからにしました（B）。

8. 昼休みの仮眠
　大介は19歳のときに、庭の手入れサービス会社の仕事を見つけました。昼食はサンドイッチを持って行きました。昼になると、大介は庭の水道で手を洗い、目立たない場所に腰を下ろしてサンドイッチ食べました（C）。昼休みは1時間だったので、彼はよく植え込みの後に寝転んでうたた寝をしました（C）。ある日、昼に雨が降り出しました。大介は、その家の奥さんに、家の中で昼食をとらせてほしいと頼みました。奥さんは入ってよいと言いましたが子どもにかかりきりだったので、彼はそれ以上奥さんの手をわずらわせないようにしようと思いました。大介は洗面所を捜して手を洗いました（B）。それから台所を見つけて、そこで昼食をとりました（B）。彼はテーブルにこぼしたパンくずをきれいにかたづけると、うたた寝の場所を捜して家の中を見てまわりました（C）。居間のカーペットがふっくらしていたので、彼はソファの後ろで横になりしばらく眠ることにしました（C）。

(6) 第6期　友人関係の進展（X+3年10月〜X+4年4月）
　#46、A子は、相変わらず、テレビで流れる暴力関連のニュースや駅に設置されている虐待の冊子の内容に度々激昂していた（#21、24）。そして最近はそのような時、音楽サークルで活動している同じバンド・メンバーのZ君に対して、「チャンネル替えてくれない！」

と急に「キレたり」、「あんた、これ見てどう思う！」と怒鳴ったりしているという。Z君は、いつも「何が何だかわけわからん」と恍けた反応をするらしい。Coが思わず笑ってしまうと、A子も一緒に笑っていた。Coが、なぜZ君が標的なのか尋ねると、A子は一番喋り易いと言うものの、「わからない」と言って赤面する。CoがZ君に対して〈かわいそう〉と同情すると、A子は「ふふ～ん」と鼻にかかった色っぽい甘えるような声を出したのでCoは驚愕した。Coが［Z君には、キレると当たり易いのですね］と"視覚的手がかり"を提示すると、A子は頭を抱えて身体を前後に揺すりながら大笑いした。

#47～50、A子は「忘れるといけないから」と保健室の看護師に伝言を残していた。その内容は、図書館で男女数人に囲まれて歌を歌うよう強制されたというものだった。Coはそんな中高生の不良のような学生が大学にまでいるのかと驚き当惑した。しかし面接で、それは中学生の頃の話であったことがわかった。数人に親しげな友人のように話しかけられて囲まれ、「つい友達みたいに思って」歌ったと言う。A子は、このような対人関係の失敗を母親に報告する度に、A子の「態度や口のきき方が悪いから」と叱責されていた。A子は「普通の子になりたくてもなれなかった私のこともわからず！」と大声で3回反復し、Coはそれを"視覚的手がかり"に提示した。A子は、音楽サークルで大学までなかった愛称(ニックネーム)で呼ばれることがとても嬉しそうだった。そして、Z君の話題が上ると非常に照れて大袈裟な動作になった。「恥ずかしい」と言いながら、Z君とのメールのやりとりの内容や同じバンド・メンバーのN君、H子、Z君と一緒に撮った写真を見せてくれた。A子は、N君とH子は恋人同志なので、N君とは「一線引いている」と言う。N君は、最近ファッショナブルになったA子を「可愛い」と言ったり、「積極的に口をきかない方がよい」と助言したり、「お前本当に人の気持ち考えられるようになっ

たな」と誉めたりする、A子の良き理解者の一人のようだった。このように、A子は遂に念願の友人を得たと思われた。しかし、A子は「皆が合わせてくれているだけで、自分一人が喜んでいるだけなのかもしれない」という疑念を振り払えないでいた。この頃のA子は次の面接まで待つことが難しく、再三来室し、Coが面接以外では話せないと告げるも全く耳に入らないようだった。

#51、A子は予約時間以外に来室し、Coが受け合わないと泣きそうな顔で「一体いつ話しが出来るんですか」と弱々しく訴えた。Coは（当日の）面接時間に聞くと繰り返した。面接では、A子は待たされた恨みを吐き出すかのように大声で叫んだ。それがあまりに激しかったので、Coが怒っているのかと尋ねると、「怒っていません！」と怒鳴り返された。A子の話の内容は、今迄は友達に嫌われたら諦めるしかなかった、相手の好みの人間にはなれない、変え難いものを変えようとするほど辛いものはない、というものだった。それらの話の背後には、Z君が留学することに対する寂しさを扱いきれないA子の内的葛藤が見え隠れしていた。一方で、A子は自身のホームページや、インターネット・ゲームの作成を通じて知り合った様々な人とチャットを交わすようになっていた。A子は、「インターネット・ゲームをライフ・ワークとする」アスペルガー障害の人が、冗談が全く通じず、場の空気が読めない、生き難いといった、A子と同じ経験をしていることを話してくれる。A子は、そこで「どうしたら人から好かれるようになりますか」という問いを投げかけていた。

#52、A子は、皆で話しているときに「関係のない話しをしたから」N君に黙るよう注意されたと理解していた。そして、N君の助言どおり「聞き上手に徹するのも方法」と考えるようになっていた。Coに相談したかった事は「ルールを守っているうちに自己解決できた」らしく、「自分からは近づこうとは思わない」が、「好意的な人は

大事にする」と言うA子は、音楽サークルの後輩のR子に色々と相談にのってもらっているようだった。

　#53、Coは、〈友人が暗い表情のときに、タイミング良く「どうしたの？」と声をかける〉という練習に誘う。A子は「今までやったことないのに、いくぶん奇妙に思われる」と言って拒否する。Coは〈だからタイミング良く〉と言うと、A子は「無理」とにべもなく断る。それでも、Coは〈一度やってみましょう〉と練習を促した。A子がぎこちなく「どうしたの？」と始めたので、Coが次に続く言葉を尋ねると、A子は「こんにちは」と言う。Coが〈それは…おかしい〉と言うと、A子は「何かあったの？」と言い直した。何度か練習すると、一つの型(パターン)はスムーズにできるようになった。Coが〈お腹が痛いの〉と言ってみると、A子は「お大事に」と返してきた。Coが、相手が自分を避けているような場合は声をかけないこともあると言うと、A子は、それは自分のことだと解釈する。Coが、〈それは今までやってないから〉と代弁すると、A子は「そう、それが大きい！大体自分は人が沈んでいるときは放っておく。自分も話しかけられても応えられないときもある」と話す。A子は、アルバイトの出勤日を忘れてしまい2回目で解雇されていた。N君には「接客業のタイプじゃない」と反対され、Z君にも「キツイんじゃない。失敗してへこむんじゃない」と予言されていたと話す。A子は「今までそうだったから、（周囲の皆が）わかっている。徹底的にへこんで（皆が声をかけてくれても）反応しないときがあった」と話す。N君は、「次では上手くいくかもしれない。次もダメでもまた次に行ってみる。チャレンジし続けることが大事」と励ましてくれたと言う。後輩のR子は、「バイト料貰ったら皆でごはん食べに行きましょうよ」と誘ってくれたという。Coは、そこにはA子に〈奢って下さいね〉というニュアンスがあることを説明した。A子は表情を少し曇らせ、「自分

はそのつもりだったから」と言う。Coは、A子が「どうしたら人から好かれるようになりますか」(#51)と問うた答えの一つとして、〈自分が働いたお金で友人に何かしてあげようとする優しい心を大切にして下さい〉と伝えた。Coが仕事を終えて最寄駅に着くと、A子が突然目の前に現れた。偶然を装う態度がいかにも不自然で待っていたのは明らかだったが、Coにはいじらしく感じられた。A子は電車の中でZ君が留学することや、バンド・メンバーが卒業してしまうことについて話した。Coが〈大学の友人は一生の友人、また会える〉と言うと、A子は「離れたらもう終わりと思っていた」と呟く。A子はネット上の友人らとのメール内容を見せてくれた。そこには、A子らのバンドのライヴの様子とA子のZ君への思いが綴られていた。

「私は可愛いキーボードのお姉さん。迷いも忘れて笑顔をふりまいていました。私がこれだけ認められてるんだって感動しました。ライヴのMCで『Z君と結婚することになりました。でも実際に結婚するのは10年先でその間にいろいろ起こるだろうなと不安です』と笑顔で冗談を言ってみたりもできました。」

　ライヴの打ち上げではプレゼント交換があり、A子はZ君がいつも着けているようなストールを用意していた。くじ引きで後輩にそのストールが渡ると、A子は「Z君のみたいでしょ」と自ら告げ、「今まで人にあげた中で一番良いと思ったプレゼントかもしれない」と満足していた。
　二次会では、A子は、Z君が「バーに行くと言ったら『私も』と言ってみたり」していると、「『カラオケ行くと行ったらお前もカラオケいくのか』聞かれました。本心は彼と一緒にいたかったんだと思います。『俺と一緒にカラオケに行くか』と言ってくれて嬉しかった。ち

ょっと距離をおいてみたのがうまくいったのかな？一次会でそんなに喋らなかったし。カラオケでも彼と離れた場所に座って楽しく過ごせました」と納得していた。

> 「今までは、彼が私のことを譲ってくれてたみたいだった。これからもそれが当たり前と思ってたから、彼がいなくなったときとまどってしまうだろうな。来年からは、私のことを譲ってくれる彼はもういない。だから今のうちから、彼のもとから少しずつ自立していかないといけない。すごく辛いです。今まで自分を支えていたものが崩れることは。私はもっと強くならないといけないのかな？ライヴの時の彼はとても素敵でした。もうそれは恋とかじゃなくて、純粋にそう思えました。会ったこともない遠い世界の憧れの人よりも、今、近くで一緒にやっている人の方がずっと印象的に思える、そう思うべきものかもしれないです。ライヴの時の私も、みんなからそう思ってもらえたのかもしれない。」（傍点は筆者が付した。）

また、A子は精神障害のメール友達（以下では、メル友と表記する）へ自分の障害を告白していた。

> 「よきネット仲間と信頼して。私はアスペルガー障害の可能性が高いことがわかりました。相手の気持ちを読むことができず、とんでもない迷惑をかけることが多いのです。普通、相手の言ったことは、言葉の意味だけでなく場の空気を読んで判断するものですが、私の場合は言葉の直接的な意味だけで判断してしまうようです。私の辿ってきた道…太く短い対人関係しか築けない、中高生の時周囲からうざがられた、それがフラッシュバックして机を叩いたり大声を出して周囲に迷惑、声のボリューム調節ができない、独り言が多い。今も言っています（笑）。時事問題や教育関係の本を好み、人間関係が複雑な小説はまるで理解できない…。障害のことは、本来なら家族にも理解してもらうべきですが、とくに母親には一向に理解してもらえません。一方的に悪いと決めつけてしまい、理解しようとはしているのでしょうが、その努力の仕方が適切でなく見当はずれな方向で、母親もそれに気づいていないんだと思います。普通の付き合いができないのは性格がわがままだからと言われ続け、私は直そうとしても直せな

かったのです。その経験（変えようとしているのに変え方がわからなかったそのことを理解してくれなかったという憤慨）がトラウマになっているのでしょう。今でも母親から対人関係のことで批判されると、母親にそのつもりがなくても、私には自分の性格に落ち度があることを指摘されたように思えるのでしょう。最近は必ず喧嘩になるので話すのはできるだけ避けるようにしています。親に理解を求めても、理解してもらえない場合はあきらめた方がいいと思います。理解してくれる人がいれば、それで十分だと思います。友達には障害のことは話していません。友達に私がそういう障害だと言ってもたぶん信じないでしょう。専門家でもない私が、普通の人に対して理解や支援を強制するのもどうかと思うので。私の障害は完全に治す方法は見つかっていませんが、ただ、訓練で社会性を普通の人と同じ水準にまで引き上げることはできるようです。私は、訓練で普通の生活が出来るようになろうと努力しています。背景は違うけれど、私はあなたに対し、互いの立場に共感しています」。

　#54、Coが精神障害のメル友へのメールの最後の文に感動したことを伝えると、A子は照れ笑いをする。「訓練で普通の生活が出来るよう」努力しているA子に、Coは〈あなたがそうなればいいなあ〉と言った。A子は「自分もそうなりたい」と応じた。A子は家族（特に母親と弟）に独語を嫌悪されていた。A子は「共感」について、「親が理解してくれないという、その辺の共感」と答え、母親には「もう理解してもらう必要はない」と言う。A子は、授業中に暴力関連のDVDを観てフラッシュバックした事を話す。A子は「強烈な不快感」が生じ、凄い剣幕で怒鳴り、「そこに飛んできた虫をバーンと机に叩き潰した」らしい。Z君とH子が同じ授業だったが、H子が心配して声をかけてくれたという。A子が、Z君が留学したら会えないと嘆くので、Coは留学する前にZ君の家に会いに行く提案をしてみた。A子は「ははは（笑）。そこまではしない。えっ、行って何をするのですか？」と聞く。Coは応えに窮し、A子はキョトンとした表情でロッキング[3]を続けた。

＃55、A子は「一つのことに集中すると周りが見えない」ことを笑いながら話す。A子は「人に何かすると恩着せがましいように見えるらしい。世話になっているから、お菓子を買ってきてもそう言われる。人気取りのためにやっているわけじゃない」と話す。Coが〈あなたはそんなこと考えないでしょう？〉と尋ねると、A子は「考えない。ははは（笑）。タイミングが悪いのかなあ」と応える。その後、A子はゲーム用に書いた物語(ストーリー)の主人公(ヒーロー)がZ君に似てしまった話を繰り返した。

　＃56〜57、A子は音楽サークルの仲間との旅行、ライヴ、卒業式の後の打ち上げや合宿の話をしたが、その間、ロッキングや独語が頻発した。Coには、肝心なことを上手く言語化できずにいるA子のもどかしさのようなものが感じ取られた。しかし、Coが〈どうしたの？話し難いの？〉と尋ねるも、A子はうっすらと笑みを浮かべたまま無言でロッキングを続けるだけだった。

　＃58、A子が遅刻したので面接はできなかった。「いつできるんですか！」と攻撃的口調で訴えるA子に、Coが〈何で怒るの？〉と返すと、A子は少し驚いて、やや平坦な口調で言い直した。A子はチャット記録を持参していた。

---

「今の友達は、私のことをなんだかわからないけど面白い奴だと思ってくれてるみたいです。私のできること苦手なことを、私から言わなくても何となく理解してくれていると思う。察することのできる大人なんだなって。一緒にいてくれるから、『ありがとう』って思います。裏切られたこともあったから、友達と友達でない人の区別がつきにくくなってた。それって、いいのか、悪いのかな？自分の中では普通に自分の意思通りのことをやっても、それが周りには『ツボにはまる』みたい。私がステージに立

---

3　不適切行動とされる、身体を前後に揺する自己刺激行動、反復的行動パターンのこと。

つと、それだけで人を楽しませてくれる、というそうです。普段そんなに
周囲のことを考えているわけじゃないのに。冗談ばっかり言ってあんまり
真面目に考えてそうにない人は自分と違って気楽でいいな、と思ったりも
する。私は冗談があまり通じないところがあって、友達に冗談で言われた
ことでも本気にして落ち込んだり、疑ったりしてしまう。正直、今の友達
のことは最初疑ってた。親しくても、何でも本音を言い合えばいいってわ
けじゃないし。心の底から信頼できる、って言ってもどういう状態を指す
のかよくわからないけれども、『お前本当に人の気持ち考えられるように
なったな』と言われるようになって嬉しいです。私にも、自分の悪いところ
を言ってくれる友達、いますよ。昔の友達は、私が世話を焼かせるのが手
におえなくなって離れていってしまった。関係を修復しようとしたけど、
『貴方が変わるのなら』みたいなことを言われ、変わろうとしたけど変わ
れなかった。性格って根本的に変わらないから、私は誰かの面倒をよく見
る人間には一生なれないかもしれない。強く信頼されようと努力するとつ
らいかも。何度もかけられた信用を裏切ってしまった…。大したことはで
きないけど、ちょっとぐらいは友達のために役にたとうと思う。人に感謝
するっていう気持ちをわすれないでいたい。私も頼られる人になりたいで
す。カウンセリングの先生は、とても私の問題を理解してくれていると思
います。性格にコンプレックス持って、それを誰にも理解してもらえずに
いた時期はあったし。もちろんカウンセリングの先生ばかりでなく、友達
の方が理解してくれる部分もあるし、親の方が理解してくれる場合もある。」（傍点は筆者が付した。）

　#59、A子は合宿もライヴも来ていたのは後輩ばかりだったと話
すが、引退を考えてはいなかった。A子は、Z君がライヴを見に来
ていて後輩に胴上げされたこと、Z君からライヴについてのメールが届
いたこと、その返事を書くために後輩のR子に相談にのってもらっ
たことを満面の笑みで話した。しかし、「もう（Z君と）会う事は無
いと思う」と言い、A子の気持ちは就活に向き始めていた。

(7) 第7期　就活・卒論・卒業（X＋4年4月〜X＋5年3月）
　#60、A子は就活を始めた。A子はCoの指示通り自己紹介文や履

歴書用写真を持参した。A子が作成した自己紹介文には、主語が抜け、自分の思いや考えよりも事実について書く傾向が見られた。履歴書用写真は、Coの助言に従い、リクルート・スーツを着用し薄化粧で撮影していた。Coは、就活の対処本を読むこと、父親に相談することを勧めた。A子はCoが就活を支援することが嬉しそうだった。A子は校医が勤務する病院に定期的に通院しており、Coは校医とA子について適宜話し合っていた。

＃61、Coは遅刻したA子に事前連絡をするよう話した。また、Coは就活には家庭内支援が不可欠であると考え、Coが父親面接を希望していることをA子に伝えてもらうことにした。A子が面接試験を控えていたため、電話の応対を"視覚的手がかり"（＃24）を用いて練習した。Coが、［○月×日に面接に伺うAと申します。どのような交通経路で行けばよろしいでしょうか（メモをとる）。○駅からの所要時間はどのくらいでしょうか（メモをとる）。わかりました。どうもありがとうございました。失礼致します］と提示し、先ずCoが読んだ。すると、A子はまるで小学生のようにすぐ後から大声で復唱した。また、Coは、自宅の出発時刻を自室のドアに貼ること、面接前日は予定を入れないこと、パソコンに向かわずに就寝することを"視覚的手がかり"を提示してA子に約束させた。面接試験での服装、髪型や化粧についても念入りに打ち合わせた。

＃62、A子は、とってつけたような不自然な笑顔で「こんにちは」と言って来室する。Coは何とか笑いを堪えた。A子の話によると、ある店の女性店員の「笑顔」を参考にしているらしい。A子が話の合間にも不自然な「笑顔」を挿むので、Coは我慢できずに吹き出してしまう。また、A子には鞄から書類を取り出すのにもかなり時間を要するような不器用さが際立った。しかし、A子はCoの助言に従って就活の対処本を読んだり、父親に相談したことを話す。A子は

パソコンに精通しており、コンピューター関連の企業への就職を希望していたが、両親は賛成していないようだった。音楽サークルのバンド・メンバーのN君は、既にいくつか内定をもらったという。面接試験の練習では、①（A子が）ドアをノックして入室する→②（A子が）一礼して椅子の側まで行く→③（Coに）「どうぞ」と言われたら、（A子が）「失礼します」と言って座る→④面接が終わったら、（A子が）立ち上がり「ありがとうございました」と一礼する→⑤（A子が）ドアのところで再度一礼して退室する、という一連の動作を繰り返し行った。また、Coは面接試験の回答内容をチェックして修正し、A子に暗記させ、予行演習を何度も行った。

#63、A子は就活に勤しんだ。だが、面接試験では予想外の質問に対する的外れな回答が多かった。例えば、「うんちく」を語るよう面接官に言われた際に自分の特技について話し、「それがうんちくですか」と指摘されていた。A子は、「準備をかなりしてきたのですねと言われて『はい』と、返事した。不十分だったけど準備はしたので。履歴書通りに言おうとしたら『履歴書通りでなくていいですよ』と言われた」ことを話す。Coは予想外の質問への対処として、［今思い当たることはないのですが、答になっていないのですが（と断わって話す）］と"視覚的手がかり"に提示した。しかし、A子は「（面接官の）否定的な意見ばかりが気になる」と、モチベーションは上がらなかった。

#64、Coは父親面接を行った。A子の父親は"視覚的手がかり"を貼るなどの家庭内支援は行っているが、むしろA子の方にやる気が見られないと話した。父親からはA子の希望業種に反対しているという話はなかった。しかし、就職後にまで心配が及び、A子の障害に対する父親の内的葛藤が見え隠れした。

#65〜66、A子は就活を続行した。A子は、父親が「仕事という

のは言われたことをきちんとしないといけない」と言うだけで助言はしてくれないと訴える。久しぶりに自作のインターネット・ゲームの企画書を持参していた。中学生集団が戦う物語だったが、A子は「嫌いな人を完全にやっつけてしまうのではなく、機転をきかして、平和的に丸く収めるストーリー」だと話す。A子は、このようなコミュニケーションによって、今後、社会で生きていこうと努力しているのだろうか。そう思うとCoは目頭が熱くなった。Coが〈感動した〉と告げると、A子は恥ずかしそうに俯いたが、とても嬉しそうだった。

　#67〜68、A子は音楽サークルの合宿に行くという。Coに咎められると思ったA子は「必要なんです！気分転換に！」と訴えた。Coが溜息まじりに〈気分転換が必要なんだ〉と応えると、A子は頷いた。しかし、A子は就活の筆記試験でも落ち続けていた。A子は、この期に及んで自分は文系で理工系は苦手だったと思い出したように話す。A子は「結局なにも向かないということじゃないですか！どれをとっても中途半端！」と憤慨した。しかし、Coの助言に従い学内の就職相談室で相談したり、筆記試験用問題集をやり始めるなど、諦めずに就活を続けていた。Coは、［今は就活に打ち込むのが大事。就活をやり遂げましょう］と"視覚的手がかり"を提示して激励した。

　#69、A子は「やらなければならないことは就活だけではない」と言う。Coは、［できることはしてきましたよ］と"視覚的手がかり"で労った。そして、［今までしてきたことを今後に生かせばよいのです］と"視覚的手がかり"を提示して慰めた。さらに、［ゲームでカッコイイこと言っても実際には中々うまくいかない。それが現実で、その中で生き残っていかなければなりません。現実に生きている以上、仕方ないことなのです］、［いかに「機転をきかして」生き残る

か］と、A子が作成したゲームの物語(ストーリー)に書かれていた言葉を使って励ました。A子は「（ゲームの企画書を）読んでくれてないと思った」と、うな垂れた。後日、校医から、A子が来院し、就職の内定が取れないことを母親に咎められたと酷く怒って興奮し、ゲームの話を次々として中々終われなかったことが伝えられた。

　#70、A子は遅刻して来室した。落ち着いてはいたが、就活は頓挫していた。夏休みは、母親に言う通りに料理、洗濯や庭の草刈りなどの家事を手伝い、新しいベッドを買ってもらって自室の大掃除もしたという。両親は、A子の希望業種とは異なる業種を勧めているという。Coが〈あなたはどう思う？〉と尋ねると、A子は「わからない。（両親の進める業種は）安定しているとは思う」と応えた。

　翌回の面接は無断キャンセルだった。

　#71、A子から予約時刻を過ぎて電話が入る。A子が「あの…交代は出来ませんか」と言うので、Coが〈交代？〉と聞き返すと、「いえ…なんでもないです」と言う。Coが、Coの空き時間に来られるか尋ねると、A子は「はい」と応えた。しかし、A子は20分遅刻し、口数が少なく表情も暗かった。Coは、先ず電話連絡を褒め、次に"視覚的手がかり"を提示した。［大事なことは紙に書いて目につく所に貼りましょう］、［卒業するために卒論を仕上げましょう］、［就活もチャンスがあればやりましょう］。また、［へこまず[4]に、やらなければならないことはやり遂げましょう］と"視覚的手がかり"で励ました。A子は徐々に元気を取り戻していった。校医からは、A子が予約を無断キャンセルしたこと、「また突然現われて、（病院の）受付と揉めるかもしれない」ことが伝えられた。

　#72、A子は、就活で面接官に、「好きなことは笑顔で話すが、嫌

---

4　Coは、A子がバンド・メンバーとの会話で使用する語（#53）を"視覚的手がかり"に取り入れた。

なことは嫌な顔をしている。対人コミュニケーション能力に不安がある」と指摘されていた。A子は、「会社に入って何かをするのが苦手というより、やりたくないと思われたかもしれない」と話す。Coは、［頑張って務めたいと思います］、［上手く応えようとして深刻な表情になったかもしれませんが、嫌な質問をされたとは思っておりません］と"視覚的手がかり"を提示して助言した。A子は、「でもそれは、嘘（大声）！になる」と言う。A子は面接試験対策について、「難しいことでもないのに頭に入り難い。本当はもっと他のことがしたいんじゃないか」と言う。また、インターネット・ゲーム関連の集いで知り合った企業の人から、面接試験に来るよう連絡があったことを話す。しかし、業種や遠方であることから、両親の賛成を得られそうにないので行かないだろうということだった。

#73、A子は20分遅刻して来室した。A子は就活もせず、卒論も書いておらず、卒業に必要な単位修得の問題も浮上していた。欠席が目立つグループ・ワークを行う授業について、A子は「迷惑をかけるからやりたくない。迷惑というのは誰でもかけるけど、私の場合は極端だから」と訴える。

#74、Coは自信を失くしてしまっているA子に、ユーモアを交えながら、卒論の進め方を具体的に助言した。Coが〈皆、スゴイものを書こうとするから〉と言うと、A子は「スゴイ学者の論文みたいに？」と前のめりになりながら言い、両手を打って大笑いした。A子は「友達に卒論の状況を聞いたら『ヤバイ』と言っている」ことを話す。Coが〈ちょっと安心するね〉と応じるとA子は頷いた。また、Coが良い友人に恵まれたと称えるとA子は恥ずかしそうに俯いた。A子は、授業でグループ・ワークに参加することになったことを告げる。Coは今のA子ならできると励ました。さらに、Coは、卒論を全く書いていないことを担当教官のC教員に言わないようく

ぎを刺し、〈びっくりするよ。また毛が1本抜けるかも〉と言うと、A子は屈託なく笑う。そして、［年末年始に卒論を書き上げる］、［ゲーム製作は禁止］の2枚の"視覚的手がかり"を自室のパソコンに貼るようにと手渡した。後日、CoはA子の卒論と単位修得について、C教員と話し合った。C教員はA子が1年生からのチューターであり、良き理解者の一人であった（♯11〜14）。C教員は、次年度は海外研究で不在になるためA子の卒業を心配していた。C教員によると、A子は学内でパニックになるなど既存の問題も存在したが、最近は自ら気づいて謝罪しているという。

♯75〜77、Coは卒論提出まではA子と電話で話すことにした。A子は一度書いたものを修正したくないらしく、卒論を父親に見せることを躊躇した。Coは〈何度も何度も修正するもの〉と強調し、電話で父親にチェックを依頼した。A子に話のメモを取るように言うと、A子は最初はメモをしている素振りをし、内容が長くなると「ちょっと待って下さい」とメモを取る用意をした。嘘がばれると、A子は「憶えられる」と思ったと言い訳をした。Coは、A子に［卒論以外で使わない］と書いてパソコンに貼るよう指示した。C教員はA子が研究室に深夜に突然来て長居するとぼやいたが、A子はC教員に卒論指導を受けられるまでには書けるようになっていた。校医は、彼らの特性として、「数日間でバーッと仕上げるのでは」と楽観的だった。

♯78〜79、A子は、［年末年始に卒論を書き上げる］という"視覚的手がかり"（♯74）通りに、年末年始に卒論を書き上げ無事提出した。単位修得についてCoは、A子には教員への［事前交渉］、［代替レポートの提出］などの対策を"視覚的手かがり"を提示しながら話した。また、C教員には、各先生に事情を伝えて代替策をとってもらえるよう依頼した。

#80、A子は卒業ライヴに出演するため音楽サークルに行っていた。A子は「継続してやらなきゃいけないことに自信がない」と言い訳をする。Coは、単位修得が先決と"視覚的てがかり"を提示し、パソコンの前に貼るよう指示した。教員への［事前交渉］の練習では、繰り返させるとA子は「またあ！」と怒り文句を言った。Coが練習の必要を説くと「ああ、義理人情の世界とか。義理人情について書くレポートがあって今みたいなことを書いた」とA子は納得した。しかし、練習を始めると再び怒り出し、Coが説明するということを繰り返した。Coはなぜ怒るのかA子に尋ねてみた。A子は「就活ならわかるけど、関係ないから。何でこんなことやらなきゃいけないのって」と応えた。Coが〈テスト勉強すればいい？〉と尋ねると、「そうですね」と言う。Coが〈意味がわからずにやっていた？〉と尋ねると、A子は「しても無駄。失敗したら落とされる」と応える。Coは、交渉は結果に関わらず行う意味があること、卒業したい気持ちを伝えることが大事なこと、それが伝わるように練習していることを説明したが、A子は納得しなかった。

#81、A子に電話すると提出課題ができておらず、「疲れた」と泣き声になる。Coは、〈やらなければならないことだから〉と説得し、〈あなたはやればできるから〉と励ました。

#82、A子は課題を提出し終えたが、まだ試験が残っていた。Coはパソコンを必要以外で使わないよう指示してきたが、雑談から、A子がインターネットを続けていたことが発覚してしまう。Coが思わず〈約束を破ったの？〉と言うと、A子は卒業ライヴの練習もせずに来たのにと怒り出す。Coは単位修得が先だと返した。A子は「なんでそうやって話を切ってしまうんですか！ずっとずっと話したいことがあったのに！なんで聞いてくれないんですか！」とソファに座ったままピョンピョン飛び跳ねた。Coは試験終了後に聞くと応じ

た。A子は「それじゃ、だめなんです！遅いんです！もういいです！もうサークルを辞めます！」と叫び、ドアを大きな音をたてて思いっきり閉めてドタバタと走って帰った。CoはA子の携帯の留守番電話に次回は頭を冷やしてくるよう伝言を残した。A子は数時間後に保健室に現れ、保健室の看護師にCoと喧嘩したと告げていた。

　＃83、A子はまるで何もなかったかのように定刻に現われた。そして、「相談したいことがあった。就活や卒論と重なって。自己解決したこともある。卒業してしまえばバラバラになる！（大声）ので」と話す。Coが卒業を固守したことについて尋ねてみた。A子は「どうせ（話を）切られると思っていた。やらなきゃいけないことが大事」と言う。Coが〈あなたはそう思ってない？〉と尋ねると、A子は、「人って嫌なことから逃れようとしてしまうことが無意識にある。卒業したいというのは本音。もう１年いたら来年すごく暇になりますよね。いる理由はないと思っています」と話す。A子は卒業ライヴの出演を断っていた。A子は「参加したいのとしたくないのと半々。バンドを懐かしがるのは過去に縛られている。将来が決まってないのに」と話す。Coが〈卒業ライヴに拘っていたのに？〉と尋ねると、「たとえそうでもやらなきゃいけないことはやらなきゃいけない」と言う。しかし、試験が思ったほど解けなかったので、もう卒業できないと弱音を吐く。A子は音楽サークルについて、「かりそめの気分を味わっただけでも良かった。友達という認識と言われても、ある人はその人を友達と思っていても、その人はそう思っていないこともあるわけで」と話す。Coは、A子があれほど切望し、築き得た友情を、大学生活の思い出としてこれからも大切にして欲しいと伝えた。終了時、Coが次回面接日時を書いた付箋（＃21）は〈もういらないね？〉と尋ねると、A子は「いや、一応下さい」と照れながら言った。

　＃84、A子は課題も試験も全て終えた。しかし、母親に「今頃（Co

に）相談したところで何になるの」と卒業が確定していないことで叱られたという。N君は「通してくれる」と慰めてくれたらしい。A子は唐突に、「卒業してからの友人はあまり楽しくないのですか？個人的に親しくなったりしないのですか？」と聞いた。A子はN君に卒業ライヴに出演するよう誘われたという。Coは楽しめば良いと勧めた。A子は「それだったら自己満足だから」と言う。Coが〈自己満足で良い〉と応じると、A子は黙って俯いた。CoがN君に花をプレゼントするよう提案すると、「そういうことしたら変な気持ちを抱いているんじゃないかと思われる！」と声を張り上げて否定する。Coは〈N君はそんな人？バンド・メンバーのおかげで楽しい大学生活を送れたのでは？会えなくなるけど、楽しかった、今までありがとう、と伝えたら？〉と話した。Coは再び尋ねた。〈N君はそんな人？〉A子は首をプルプルと横に振った。Coは、A子が「やらなきゃいけないこと」をきちんと達成したことを褒めた。そして、卒業ライヴ、ゲーム製作、何でも好きなことをすれば良い、話したかったことも話せば良いと伝えた。すると、「何の話から始めようかなあ」と、A子は嬉しそうに考えた。

＃85、留学から帰ってきたバンド・メンバーのZ君は、A子の自作ゲームにZ君に恐らく酷似した主人公(ヒーロー)が描かれていたことでA子に怒ったらしい。A子は、「Z君に花を贈るのをやめようかな。変にとられたら嫌だから！」と言う。Coは〈そんなことしたら、Z君、ひねくれるよ〉と、ユーモアで応じた。

後日、面接時間の確認の電話をしてきたA子が鼻声だったので、Coの風邪がうつったのではと心配すると「そんなんじゃない！」と否定する。そして、Coが〈卒業おめでとう〉と言うと、「なんで知っているんですか！」と訝り、C教員から聞いたことがわかると納得する。

#86、A子は、両親は卒業できることについて「そう良かったねという感じ。あまり喜びを表現しない。できて当り前。できなかったら叱られる」と話す。卒業ライヴでは、バンド・メンバー全員に花を贈り喜ばれたという。Z君は留学のお土産を配り、A子には「好きだろ」と言ってお気に入りの楽器カタログをくれたらしい。A子はZ君に「色々聞きたかったけど聞けなかった。なんとなく言い難そうにする」と話す。Coが〈そう感じる？〉と尋ねると、A子は「迷惑かけた回数が一番多い人かも」と言う。A子は、相変わらず、下車駅を間違えて集合場所に行けずアルバイトを解雇されていた。両親と話し合い、卒業後は自分の希望業種を目指し、独学で資格を取ることにしたと話す。Coは、就活は良い経験だったが、A子が興味を持てない仕事に就く困難さと、それを周囲の人に理解してもらう困難さを感じたことを話した。A子も同じ思いのようだった。

#87、A子から遅刻するとの電話が入り、Coが別の時間を指定すると、元気に「はい」と返答する。A子は、両親は卒業後も就活をすることを勧めているが、当分はアルバイトをすることを話す。遅刻したのは、音楽サークルの飲み会で朝帰りだったからだという。A子は、相槌をうつのが下手だったり、皆が話していることと関係ないことを話したりするので、余計な話をせずに聞くことにするのだという。今は気に入っている女性アナウンサーの話し方を参考にしているらしい。CoはA子がN君の注意を素直に聞いていたことを思い出し、A子を〈努力家〉と褒めた。しかし、「よく頑張ったと思います」というA子には、独語が頻繁に観られた。

#88、A子が電話で面接時間の変更を申し出てきたので、Coは時間を伝え、来るよう言った。入室したA子はソファに座るなり怒り出す。A子は、「なんで先週話を聞いてくれなかったんですか！嫌なことがあったのに！」と怒鳴った。音楽サークルの飲み会でN君が

A子のモノマネをしてからかったのだという。A子は「場の空気を読んで、それ以上はやめてと冗談半分で言った」のだと話す。結局、先回A子が一番話したかったことは、Z君ともっと上手く話したかったということのようだった。終了を告げてもZ君の話を繰り返し続けた。Coは次回面接の時間を間違えないよう注意して打ち切った。するとA子は立ち上がり、自分の傘をソファに投げつけた。A子は「なんでわかってくれないんですか！」と怒って部屋をウロウロと歩き回った。しかし、Coが、次回にZ君に対する思いを書いてくるよう提案すると、A子の目が見開き表情が変わった。CoはA子に、Z君もカウンセリングも卒業しようと伝えた。A子は「そうですね。将来の不安と言ってもそれはこれから自分で考えていかなければならないことだし」と呟いた。

#89、A子は遅刻して来室した。Coが時計を見せて時間が少ないことを断ると、A子は「電車が遅れたのに何で！」とソファに座ったまま地団太を踏む。Coは前回のようなことは、〈社会人になったらしてはいけません〉と何度か繰り返して言った。そして、〈あなたには色々な事を教わった。ありがとう〉と礼を言うと、Coは胸が一杯になった。何かを感じたのか、A子はスッと怒りを鎮めた。お別れの握手をすると、A子は俯いたまま「花を買ってくればよかった」と呟いた。立ち上がらないA子をCoは黙って待った。A子がドアの外に出たとき、Coは〈さようなら〉と言い、A子は小さな声で「ありがとうございました」と言って頭を下げた。A子は校医が継続して診てくれることになっており、Coもフォローアップしていくつもりだったが、それは告げなかった。

　後日、A子は保健室の看護師にCoへのお礼の手紙を預けていた。
　A子は、卒業後もしばらくは大学の音楽サークルにやって来た。その後、両親の勧める業種の専門学校に通って資格を取り、再度就活

をし、就職を果たした。A子からは、近況を伝える便りがときおり届く。Coは校医と共に見守り続けている。

# 第Ⅲ章　考察

## 1. 高機能広汎性発達障害の大学生に対する学内支援

　先ず、HFPDD の大学生に対する学内支援においては、適切な支援を提供するために、その不均衡な発達プロフィールを理解し、特有な障害特性を把握する必要がある。

　筆者は、HFPDD の大学生に限らず、学内支援とは個々の学生のペースで卒業に至るまでを支援していくことだと考えている。HFPDD の大学生についても、障害について峻別する議論に時間を費やすことも大事だが、Wing（1996/1998）に倣い、眼前の学生をよく観察し、理解し、学生と共に試行錯誤する方が学生当人にとっては利沢があるのではないだろうか。

　本書の事例の場合、生育歴は言語発達や他の適応スキルに遅れがないアスペルガー障害の診断基準に合致していた。時間が守れない（＃17～20）といった適応上の問題などアスペルガー障害の典型的な状態像を示しており、「人と上手く話したり親しい間柄」（＃1）になりたいという、全てのアスペルガー障害に該当するわけではないが、他の自閉性障害の人たちと区別されている欲求をもっていた（Frith, 1991/1994）。アスペルガー障害の場合、他者の気持ちが理解できず、社会

性が欠如しているため、対人関係における基本的スキルが無く、結果として不適応が生じることが多い。しかし、知的能力がある程度高ければ、環境への適応障害は知性という迂回路を経て部分的に代償できる可能性が大きい。社会適応を客観的法則として知的に学習する能力（池村，2002a）がその支援において重要な手がかりとなると思われた。また、本書の事例においては、筆者は校医の診断結果をそのまま学生に伝えた。アスペルガー障害の人は、偏見がなく、極めて率直で素直な性格で、合理的でもある。曖昧な対応は避け、診断をもとに対処を話し合う事が、本書の事例においては妥当だと判断した。言うまでもないが、ラポールの形成が存在してのことである（#5～6）。

次に、HFPDDの大学生に対する学内支援においては、社会的適応面だけではなく修学面や就職活動・進路決定など、学生生活における多様な場面に対応できる包括的支援が要求される。知的障害がない場合は職業選択に成功している例が多い（池村，2002b）という報告は心強いものであった。アスペルガー障害の人は、長期記憶に強く狭い範囲での優れた知識に長けていることが多い。本書の事例の場合はパソコンに精通していた（#9～10）。このようなHFPDDの大学生の傑出した長所を伸ばすという視点は支援において必要であると思われた。

しかしながら、アルバイトでさえ不採用が続く本書の事例の場合（#9～10）、就職は困難を極めることは明らかであり、筆者は楽観視するつもりは毛頭なかった。現実的対応として、先ずは、情緒安定や対人関係スキルの獲得と平行して、社会性（守らなければならない約束や時間は守る、挨拶の仕方、平均的大学生なら当然身につけているであろう最低限の所作や態度など）を体得する支援策を検討した。一方で、一般企業への就職を果たすために、一般学生と同一線上で就職活動をすることが必ずしもHFPDDの大学生の就職活動ではないかも

しれない。HFPDD の大学生がそれを希望するかどうかもわからない。それらは支援するなかで、学生個人の就職についての考えも聴きながら一緒に取り組む重要な課題の一つであるのだろうと思われた。

　尚、これらは卒業後を見据えた学生生活における学内支援であり、学生が卒業する迄に学生相談室カウンセラーはその役割を果たしておくべきであり、卒業後は適切な外部機関に繋いでいくのが順当であろうと考える。

## 2. 高機能広汎性発達障害の大学生の家族の障害理解と受容

　HFPDD の大学生の学内支援においては、家族の障害理解を得ることに力を注がなければならないが、障害受容については個々の家族歴を十分に考慮して慎重に進めるべきである。

　紀平（2002）が行った PDD の養育者への面接調査では、親役割の問題が原因であると答えた場合、必然的に障害児者を持つ母親の養育不十分が強調され、「親の側の原因」が「児」とする因果論を凌駕していた。また、祖母や義父母の強い影響力が、嫁としての罪責感や無力感を生じさせ、母親の自己否定感に結びついていた。このような母親の自己否定感と「幼少児の確定診断が難しい現実」が相俟って、「診断名を伏せたまま対処していく」専門家と母親の「共同戦線」が、障害受容から遠ざけていることは否めない。

　本書の事例の場合は、学力的に問題がなく、特定教科に興味の限局化が生じた場合は高い評価を得ていた（♯11〜14）。また、《普通の人ができるようなことができない》（♯5〜6）ことから、第二次性徴期には専門機関を訪れた良識ある両親の元で成長していた（♯16）。し

かし、専門機関で障害判定がなされなかったために、A子も両親も障害を知る術もなく、両親はアスペルガー障害特有の行動を《直すよう注意して》（♯5～6）きたという経緯があった。アスペルガー障害の場合、高い学力や他者の言うことを知的に理解できることから、両親の障害理解は一層困難だったことが考えられる。両親はA子の不適応行動に対して厳格な態度で接していたが、A子は不満を訴えながらも自分の行動についての許可は得ようとしてきたようだった（♯2）。自閉症の人は、同年代の青年たちと比較すると家族に依存している割合が高く、親の忠告を素直に受け入れる傾向があるからである（Howlin, 1997/2000）。

　筆者は学内での具体的対策を講じるために両親の同伴面接（♯5～6、16）を行った。

　筆者はA子の親面接の意義を次のように考えていた。第1に、A子に学生相談室という学内支援を十分に活用してもらうためである。両親への依存が高いA子に来談してもらうためには、両親と会い、来談の必要性を説明して同意を得ることが継続的面接に繋がると思われた。第2に、A子に適切な支援をしていくためには学生相談室カウンセラーが両親と良く知り合う必要があった。両親からの情報は家族の資源を知る手段になるからである。紀平（2002）は、障害受容とは、専門家からは専門家側の資源（知識や支援）を利用するよう家族が変化することと考えられているが、これを家族側からみると生活世界の苦悩の意味を専門家が理解し、家族本来の資源が活かされることに他ならないと述べている。

　筆者は、このような親面接（あるいは同伴面接）を、HFPDDに限らず必要に応じて行っている。まず、当該学生の了解を得たら、学生から学生相談室カウンセラーが親面接を希望していることを伝えてもらう。それで両親が動かない場合は、学生相談室カウンセラーから直

接電話して面接を〈お願い〉する。〈修学面での大事な相談〉と言えば大抵の親は来談する。それが不可能な場合は、遺伝的要因を考慮しつつ次の手を考える。親面接では、学生がそのとき直面している大学生活における問題行動の事実を話し、学生相談室カウンセラーのアセスメントは告げない。その役割は医師に任せる。そして、学生相談室では可能な限り学生の支援をしていくこと、今後学生により良い支援をしていくために両親や家族の協力が是非とも必要であることを伝える。

しかしながら、障害理解や受容がなされることは容易なことではない。

神田橋（1997）は、心理臨床の専門家が「勉強したり練習したりして治療の場に持ち込むもの」は、心理臨床の専門家が使う道具ではなく、「クライエントが自身になじむと感じたら使うクライエントの道具」だと教示している。学生相談室カウンセラーは、HFPDDの大学生に真摯に向かい支持する姿勢を保持しながら、学生の家族が、学生相談室を、学生がより良い大学生活を送るために利用してくれるまで待つことも必要なのかもしれない。

## 3. 学生相談室の連携の拠点としての機能

HFPDDの大学生に対する学内支援を行うのは、学生相談室だけでは現実的に不可能である。

本書の事例の場合、A子は学生相談室が閉室しているときは保健室で予約をしたり話し込んだりしていた。A子にとって足が向きやすい場だったことからトラブルもあったが（♯3〜4）、A子が保健室

の常連客となった背景には、保健室と学生相談室のそれまでの密な連携が効を成したことが考えられる。

　また、学生相談室カウンセラーは教職員にA子を紹介した。それは、学内で孤立しがちなA子が相談内容に応じて立ち寄れるいくつかの場を確保する試みだったが（#9～10）、このときも学生相談室の日頃からの渉外活動が周囲の協力を得ることを容易にした。

　ところで、筆者は初回でA子を病態レベルと疑い即座に医療機関に委託した。当時、校医（精神科医）の制度がなかったため、筆者は独自に地域の医療機関の情報を収集していた。先述したように、医療と自閉症との関わりで最初の問題となるのが診断である。HFPDDは、統合失調症、強迫性障害、行為障害や人格障害との鑑別が困難で誤診されることがある。数回の外来診察場面では特徴的行動が顕著でないことがその理由である。A子は、例に漏れず最初の病院では人格障害と診断された。しかし、筆者が大学院で障害児教育を専門に学んでいたことや、校医となった医師が多くの発達障害の患者を診ており、発達障害のケースに対して地域治療ネットワークを実践していたこと（高宮，2002）が幸いした。筆者は校医と連携を取ることによって、A子の大学生活での問題行動と障害の特徴の比較と理解が可能になった。また、学生相談室では不十分だった家族への対応も、校医による親面接によって家庭における環境的支援が見込まれた。さらに、校医の助言は周囲の理解を得難い障害をもつA子を学内で支援していく筆者にとっての精神的支援となった。学生相談室を訪れた段階ではA子の支援の主たる担い手は学生相談室カウンセラーだが、「カウンセラーが担うことの出来ない精神医学的所見、投薬を目的とした医師との面接を設定することにより、サポートシステムは二重化」し、校医は「学生と同時にカウンセラーのサポートシステムとしても機能」したといえる（太田，2001）。

以上のことから得た知見として、HFPDDの大学生に対する学内支援において、学生相談室カウンセラーは、第1に、大学の風土を踏まえた上で、常日頃から保健室の看護師や教職員との信頼関係を築くよう努め、学内連携（キャンパスネットワーク）の拠点としての意識を高めることが必要である。学生相談室カウンセラーはHFPDDの大学生を一人で抱え込むのではなく、連携によって学内支援を行なうよう努めるべきである。第2に、HFPDDの大学生に対する守秘義務に十分に配慮しつつ、目的に応じた相談の場を広く提供していくことである。学生相談室というものが期間限定で、卒業後は外部機関に繋いでいく以上、既に在籍中に「多軸的支援」（太田，2001）を受ける習慣化が成されることは、HFPDDの大学生にとって有意味である。このように、学生相談室は、HFPDDの大学生と学内機関の境界に位置し、この境界性を積極的に利用して各機関を繋ぐ学内連携（キャンパスネットワーク）を形成し、HFPDDの大学生に対する組織的な学内支援が可能となるよう機能すべきである（高野ら，2002）。第3に、HFPDDの診断・治療を行っている地域の医療機関や専門家の資料収集に努め、学生相談室の資源として蓄積することである。関係学会のような情報交換の場は「人的資源の発掘」に利用する（桜井ら，2001）ことが望ましいと考える。

## 4. 学生相談室カウンセラーの"通訳"の役割と陥穽

　一般的な心理臨床と比べると、学生相談おいては修学の問題が大きなウエイトを占めている。従って、修学面についての支援を行うことは非常に重要なことである。辻井（2003）は、日本の公教育において、自閉症を「特別な教育的ニーズをもつ存在」として扱ってこなか

った従来の特別支援教育の枠組み自体に根本的な問題があったことを指摘している。学生相談室を訪れるHFPDDの大学生は、さらなる枠外者として大学にまで至っていることが推測される。このようなHFPDDの大学生に対する学内支援においては、修学面における障害理解のより一層の充実が望まれるだろう。

　本書の事例の場合、A子は、授業態度（♯15）や遅刻の常習性（♯17～20）などの問題をどのように解決していくか、学科以外の教員への障害理解をどのように得るか、といった今後の課題に取り組まねばならなかった。

　筆者は学科会議で、A子に対するフォローの必要性について訴え、協力を仰いだ。以降、筆者は、何人かの学科教員からA子に対して《授業中どのように接すればいいのか》（♯17～20）といった具体的対処について相談を受けた。A子は、幾つかの授業では積極的発言が却って教員に好印象を与え高評価を得ていた。筆者は〈授業中は他の学生と同様に接し、何か問題が生じるようであれば、いつでも"気軽に"相談して欲しい〉と応えていた。また、C教員からは定期的にA子の出席状況や授業内での情報を聴取していた（♯17～20）。

　ある時、一教員から、多くの学生が集う場でA子の近況を尋ねられた挙句、《受講生の中に何か問題がありそうな学生が数人いるので心理検査を実施しようと思う。良い検査があれば教えて欲しい》と"気軽に"質問された。思いがけない事態に、筆者は愕然とし、困惑した。学科会議では、筆者の〈守秘義務の徹底〉の唱道に対し、A子の関係書類は即刻破棄され、守秘義務についての"了解"を懸念していた筆者は胸を撫で下ろしたはずだった。"通訳"不足であろう。大した議論もなく、その場では概ね理解を得たことに筆者が満足していたに過ぎなかった。周囲にHFPDDの大学生に対する理解と学内支援の協力を得る一方で、HFPDDのA子を実際に支援することの難事

を改めて実感した。

　嘆息の後も、学生相談室カウンセラーは事あるごとに声を上げ、発信し、説明し、依頼し、奔走する、地道で果てしない作業に労を惜しんではならないのである。また、本書の事例のように、守秘義務の範囲が学生相談室カウンセラー個人を超えて学生の情報を共有する場合、当該学生の了解を得ることを怠ってはならないことを再認識した。筆者は常に、行動する前に、A 子や両親の承諾を得た（♯2、4、9〜10、11〜14、16）。学生相談室カウンセラーは、日常からのカルテへの詳細な記録に加えて、情報を学内機関全体で共有しなければならない場合は、学生の承諾を得るというところをクリアしておく必要がある。それは学生と同時に学生相談室カウンセラー自身をトラブルから守ることになるからである。

## 5．学生相談室における教育的面接

　自閉症者の不適応行動の軽減にはコミュニケーション活動の増進が必要とされている（Howlin, 1997/2000）。筆者は学生相談における教育的面接を、学生相談室カウンセラーが発達的視点を保持し、HFPDDの大学生の不適応行動に包含される意図を正しく理解し、適応的な形で表現できるようなコミュニケーション活動を促進する支援と考えている。

　本書の事例においては、A 子は、初期の頃、表情が硬く乏しく、抑揚のない紋切り型の話し方が目立っていた。基本的要求や叙述など伝達機能は獲得していたが、表現力が未熟で電報文的表現とまでいかずともそれに近い表現が多かった。また、単文的内容が主で複文は少

ない傾向にあった。終助詞を用いることはなく、質問は攻撃的口調が大半を占めた。筆者の質問に対して無答であったり、独語（#39、42）も頻繁に表出した。このようなA子のコミュニケーション障害が社会性障害の一要因になっていることは明らかだった。

先ず、筆者は受容的、支持的な態度で、感情の言語化が難しいA子の感情が表出したと思われる部分を反復し、A子の感情理解と言語表現を促した（#22）。A子は独自に人間関係を築く努力をしたに違いない（#21、23）。しかし、抜本的変化はなく第1期からの問題は手つかずの状態だった。

アスペルガー障害の人は自分の対人関係スキルが未熟で社会に適応し難いことを知っていて悩んでおり、そのために自己評価が低くなり易い（星野, 1999）。従って、学生相談室カウンセラーがHFPDDの大学生の「意味の汲み取り方に字義拘泥と具体の域を出られないという問題」を踏まえ、「コミュニケーションの意図と成果」を考慮し、推察される意図に対して丁寧に応答しなければならないのである（Prizant & Wetherby, 1989/1994）。彼らの情動を感受し投げ返し（小林ら, 1999）、コミュニケーションを積み重ねることが何より大事なのだと思われる。

次に、Prizant & Wetherby（1989）は、最良のコミュニケーション教育は「何を（発達的アプローチ）」、「どのように（行動理論的アプローチ）」教えるかが両立して達成されると述べているが、筆者は、それはA子当人にとって"わかり易い"コミュニケーション活動をカウンセリングにおけるA子と筆者の（日常的）関係の中で習得していくことだと考えた。

HFPDDの大学生にとって"わかり易い"コミュニケーション活動を促進するには従来の面接よりも具体的、意図的方策を用意する必要がある。

第Ⅲ章　考察

　本書の事例の場合、先ず支援を要したのは情緒安定、対人関係スキルの獲得や社会性の体得だった。筆者はA子の不適応行動が観られた場面で随時"教育"を施した。入退室の挨拶（#21、45）、電話の応対（#42）を具体的に教示して反復練習させ、約束や時間を守ることを徹底させた（#30、35）。この模範行動に嵌め込む方策が良好に作用したのは、A子にとってそれが"わかり易い"方策だったからではないだろうか。また、ラポールが形成されていたため、A子が知的に高いことがこの方策を阻害することがなかったのだと思われる。筆者は「日常での強化随伴性を重視」（長沢ら，1992）し、面接で獲得したことを日常生活で使うようA子に繰り返し伝えた（#32〜34、42、44）。その過程で、A子にとっての"わかり易さ"（#32〜34）が何なのか、どのようにすれば"わかり易い"のかを見つけて面接に取り入れていくことが"教育"的であることに気づかされたのである。

　さらに、教育的面接において忘れてならないのは賞賛である（#22、35、43、45）。誉められる経験の乏しさはコミュニケーション活動の不足をもたらす。筆者の毀誉は強化機能となり定着に少なからず貢献したのではないだろうか。井上（2004）は、自閉症者の自発語や応答行動の成立や社会的刺激に対する弁別性を高めるには「社会的な他者の行動が強化として機能」し、「他者が自閉症者にとって強化的な存在である」ことが重要だと述べている。本書の事例では、A子のモチベーションの高さが（#39）様々な試行の成果に最も影響したと考えられる。しかし、A子をより良く理解し支援しようと努める筆者の態度も、「先生との約束だから。先生が心配するから」（#27）というA子の言葉が示すように、A子に何か伝わるものがあり、井上（前掲）のいう「強化メディエーター」として機能していたのかもしれない。

本書の事例においては、教育的面接を施したことにより問題が軽減した。この試行は実験的条件下で実証的結果を得るために行ったものではない。学生相談の現場で山積みされた課題を学生相談室カウンセラーがクライエントと一緒に取り組んだ過程である。そして、様々な制約の中で運営されている学生相談室で奮闘する学生相談室カウンセラーにとっては HFPDD の大学生への理解を深め、クライエントにとっては学生相談の利用価値を上げるために意義ある試みであったと考えられる。

## 6. 学生相談室における"視覚的手がかり"の活用

しかしながら、面接中にも居眠りや独語（#39、42）が観られるA子には、それで十分な支援とは言えなかった。自閉症児の視覚優位は広く知られているが、面接では聴覚的情報が大半を占める。聴覚刺激への理解の困難性を示すアスペルガー障害の人にとっては（加藤ら, 1985）、通常の面接の仕方では情報が十分に獲得できず、従って、忘れてしまうのではないのか。筆者は A 子の意識レベルを高め、面接内容を定着させる上策が必要だと考えた。

Prizant & Wetherby（1989/1994）は、自閉症者とのコミュニケーション手段に「視空間的感覚様式の情報」の使用を奨励している。本邦の自閉症児への言語訓練でも視覚刺激を活用した指導の有効性が報告されている（仲矢, 1994、竹花, 1994、井上ら, 1999、関戸, 2001）。Howlin（1997/2000）は、潜在的理由に基づく欲求不満や不安を表現可能にするカードなどの代替方法を"教育"すれば、自閉症者の不適応行動が軽減しコミュニケーション活動が増進すると述てお

り、それは A 子にも適用可能と思われた。

　筆者は、まずは付箋(ポストイット)の効用を試し（♯21）、A 子が続けて来室するようになったのを見計らって"視覚的手がかり"を導入した（♯24〜）。"視覚的手がかり"は、A 子が「独自の解決法」（高原，1991）を用いて面接内容を定着させることを助長したと思われる。A 子は、そこで我が身に起こった事をそれまでよりは良く理解できたのではないだろうか。筆者は A 子のノートから（♯32）、発話と文字の同時刺激提示が A 子にとっては有効であることを確信した。また、自閉症児が殆ど使用しない終助詞が全文に使われていた事に注目した。"視覚的手がかり"が筆者の発話をそのまま文字に表したものだったため、A 子に問いかけ、念押しし、語りかける［ね（？）］を多用していた影響が考えられるが、A 子にとっては"取り入れ易さ（＝わかり易さ）"があったのかもしれない。終助詞は会話に微妙なニュアンスを加え滑らかにし、話し手の聞き手に対する態度や感情を表す機能を持ち対人的性格が強い。終助詞の習慣化により、聞き手に伝達意図が了解される機会を増やし伝達行為が強化され伝達意志が増大する「社会的結果事象を導く相互作用的行為」（佐竹ら，1989）が、今後の A 子のコミュニケーション活動に期待できると思われた。

　筆者は、"視覚的手がかり"が A 子にとっては有用であると実感し、"自宅出発時刻表"や"就寝時刻"を作成した。"成功・不成功表"は「自己記録法」(セルフモニタリング)（渡部ら，1993）の応用で、記録用紙という"視覚的手がかり"と、記録するという行為によって翌日の行動への手がかり（刺激）として機能するよう導入した。しかし、A 子は常に無記録で持参し、面接の場で記録していた（♯45）。従って、翌日の行動への手がかりとしての機能は不明だが、○×として表れる成果は非常に気にしていた（♯35）ことから、"視覚的手がかり"としては機能していたのではないかと思われる。

ところで、多くの自閉症児と同様にA子にもいじめ体験が存在した（#25）。筆者は、「中学の頃からいじめなどの記事を見たとき同様の状態になる」（#24）という、これまでの激昂状態は、暴力に関する視覚刺激によって外傷性体験が蘇ることから生起していると推考した。杉山（1995）は、年長の積極奇異型の適応障害は、超自我が未形成、防衛規制が未完成で自己の対象化が困難なことから衝動的不適応行動として表出されると述べ、A子のような状態を「タイムスリップ現象」（杉山，2000）としている。自閉症者は、トラウマとなった出来事（以下では、トラウマティック・エピソードと表記する）との心理的距離に欠け、非言語的外傷性体験となり易く、意味をもって統合されないまま記憶される。従って、そのトラウマ性記憶は知覚などの非言語的手がかりによって再生され、再生された記憶表象にも心理的距離が欠け、記憶表象に自己意識が占有されてしまうのだという。A子が「トラウマかな」（#24）と言う上述の特徴は心的外傷後ストレス障害（Post Traumatic Stress Disorder：PTSD）のクライエントの再体験と似てはいるが、臨床的には異質であるように感じられた（中島，2004）。しかし、トラウマティック・エピソードの再生によって生起する激昂状態は、記憶表象に自己意識が占有される特徴を顕わにしていると思われた。筆者は、A子が忘れ去りたい苦痛な体験とは認識していなかったトラウマティック・エピソードを傾聴し、話し合い、"視覚的手がかり"によって定着させた。このように、A子が過去を知的に理解していくという、これまでとは異なる新たな作業過程（ワークプロセス）（中島，前掲）は情緒安定や自己統制を図るだけでなく、不適応行動とは別の表現方法をA子に"教育"する作業過程（ワークプロセス）であったと考えられる。勿論、激昂状態がすぐさま消失したわけではなく、その後も度々生起し、その度に面接で話題にしなければならなかった。

## 7. 学生相談室における社会的常識テストの活用

　筆者はA子を正しく理解し、A子の社会性やコミュニケーション活動を促進するために、筆者とA子の両者にとって"わかり易い"方法として使えると思われたデユーイの"社会的常識テスト"（Frith, 1991/1996）を導入した。アスペルガー障害の人は、知的能力が高いと社会的能力を期待されがちだが、実は、誰もがわかると思われるようなことが直観的にわからず、その場の微妙なサインの意味の読み取りを必要とする他者への認識を欠いている。"テスト"は、ストーリー化された8つの状況のニュアンスを、A子がどう捉えるか、どのような「基準」（♯44）によって判断するかを知る好適の方法であると思われた。

　予想に反せず、A子の観点のずれた拘り（問1の2問目のB、3問目のD、問4の3問目のB、問2）、他者への認識の欠落（問1）、自己中心性（問2の1問目のB）や社会性・想像力の障害（問3）といったアスペルガー障害の特徴が観察された。池村（2002b）は、自閉症者の極端な自己中心性や他者への敬意の念を欠くような振舞いは「他者に対する理解の欠如」であると述べている。筆者は問4の1問目の回答について、暴行事件とそれに対する愚鈍な反応（♯24）と同種の特徴として理解した。A子には反省し悔い改めなければならない失敗と、いつまでも悩む必要のない失敗との識別力が欠如しているのではないだろうか。筆者は、このような社会的認識の欠落、それに対する他者の憤怒や嫌悪の態度への鈍根が（♯25、29）不適応行動の改善を阻んでいたのではないかと考えた。

　従って"テスト"の活用において、第1に、筆者は上述のようなA子の非社会的側面に敏感に反応し、適切なコミュニケーション活

動に導く必要があった。正答を教えるだけでなく、ストーリーをA子の日常生活に置き換えて話し合い、A子が日常生活で"取り入れ易い（＝わかり易い）"具体案を提示し（問6，文7）、それらを"視覚的手がかり"で定着させる作業過程（ワークプロセス）が重要だと考えた。第2に、筆者は「援助における最小限必要な反応形成や連鎖化」（武藤，2001）という意味での"教育"を目指し、友人を希求し（♯2）、交遊を大切に考えている（♯44）A子とのユーモアを交えた"普通（日常的）"のコミュニケーションを意図する必要があった。それは、A子にとって"テスト"の有用性を高め、「なんだかクイズみたい」と"テスト"を楽しみにするA子（♯41～44）と一緒に爆笑する（♯45）A子と筆者との関係において可能だったと考える。

## 8. 青年期の高機能広汎性発達障害について

　青年期のHFPDDの特徴は、「対人関係に必要な他者への配慮の欠落」（杉山ら，1999）、すなわち社会性の障害である。彼らは遅蒔きながらも、年齢を重ね社会経験を積む中で、独自の仕方で対人関係を持ち社会的文脈も読めるようになる。そうすると、自分が「変な人」（♯44）と評価されることを知るだけでは済まなくなってくる。自分というものが見えてきて、自分ではない他者に気づき、自分と他者との違いや他者から見た自分という今迄と異なる観点から自分を体験し、そのことによって心理的混乱に陥ることさえある。まさに、彼らは年齢相応の人間関係を築くことに労苦を伴う「悩む自閉児」（神野，1987）を体現している。そのような彼らの不適応行動は、過敏性、パニック（＝自分の混乱）などから成る。過敏性は、他者と適切な距離

第Ⅲ章　考察

を取り、適応的に行動することを阻む。パニックを客観化することが困難なために、それらを他者と共有することが出来ない。杉山（1992）が、「一義的な問題は自分の客体化の障害」であり、「それゆえに他者の心理の把握にも障害を来している」と指摘するように、非常に純真であるにも関わらず、そういった自分を他者と共有出来ないことが主要な問題といえる。特に、愛着形成不全で自他の重なり合いの体験が不十分（＝超自我が未形成）なことが多いとされる、本書の事例のような積極奇異型は、衝動的・直接的な行動噴出といった行為障害による適応障害を生じ易いといわれている（杉山，1995）。以上のような社会性の障害は、HFPDD の青年を自己否定に向かわせる。辻井（1996）は、安定した自分を形成し維持するために、「自我支持的」、つまり、本人のできていることに焦点を当てるような支援が必要であると述べている。小林ら（1990）は、他者に「認められる存在として自尊心が保たれる」ような配慮が援助者側にあれば、その成長は成人期も着実に続くとしている。杉山ら（1999）は、認めてもらえない状況でも嫌なことができるのは、自分を承認してくれる人を取り込んでいる（＝超自我が形成されている）からであり、興味のないことは全くやろうとせず、嫌なことは人の何倍も時間がかかるのは、自分を承認してくれる人を取り込んでいない（＝超自我が未形成である）からだと述べている。従って、よりよい自分を形成していくためには、支持的な精神療法が不可欠だとしている。

　筆者は、アスペルガー障害の A 子に対して「教育的面接」を施した（#21～）。それは、A 子当人にとって"わかり易い"コミュニケーション活動をカウンセリングにおける A 子と筆者との（日常的）関係の中で習得していく支援だった。そもそも、教育は個人の発達の援助である。それは、もはや援助する必要のないジリツした状態まで援助することであり、教育の目的はジリツした人間の形成であるとい

える。このジリツには、第1に、他者の力に依らず自ら身を立てる自立がある。一人前、人並みにできることである。第2に、自らの行為を規制する自律(コントロール)がある。すべきことはする、すべきでないことはしないという主体的倫理観である。筆者は、HFPDDの青年には、これら二つのジリツが達成されるべく適切な教育的支援が施されなければならないと考えている。学生相談室で出会う彼らは知的障害を伴わず、一般入試を経て入学を果たしている。仮に、第1の自立が"できる－できない"というところで評価されるとするならば、彼らは点数化される学力においては"できる"人である。学生という立場に限って言えば、その水準での自立は、ある程度あるいは全く可能な人といえる。第2の自律は点数化が困難な"する－しない"ところで評価される。この"する－しない"ところでの評価が、彼らの大学生活を左右する分岐点になっていると思われる。神野(1987)は、自閉児は、人との関係の中で重要な感情や共感を相互に関連しながら行動を変容し、その言語発達は人格発達なくしてはあり得ないとする。岡田(2004)は、「個人の自律性と社会性とは本来は車の車輪のように相補って機能していく」と述べている。自分というものが人との関係の中で現れ、対人関係を前提にしてこそ意味を成すのであれば、この"する－しない"という主体的倫理観、すなわちA子の自律性は、「教育的面接」におけるA子と筆者との関係の中で多少なりとも育まれていたのではないだろうか。そして、この自分という人間関係機能は、直接的にA子の"人となり"と関わりを持たざるを得ない社会的機能として、A子の友人関係においても育まれていったのではないだろうか。

## 9. 高機能広汎性発達障害の大学生の現実世界でのつきあい

### (1) "素朴な柔軟性"の中で

　　HFPDD の大学生の学生生活において、友人関係は欠かすことのできないものであり、学生相談室カウンセラーが与えることのできないものである。社会性の障害が社会的な関わりでしか治せない（杉山ら，1999）のであれば、学生相談室カウンセラーは彼らの友人関係について把握し、可能な限り後方支援していくことも責務であろう。

　　HFPDD の青年は、学力では問題は生じないが一般常識が著しく欠けている。成人期のアスペルガー障害は、表面的には適応的だが全体としては自己中心的・孤立的な状態に止まるという（Frith, 1991/1996）。彼らは他者と関わりたい意欲は高いものの、自然に他者と関わることが難しい。自らの発言が場に相応しいか否か気づかなかったり、会話で暗黙のうちに前提にしている「非明示的情報」（石坂，1999）を共有していなかったりするために相互関係の成立に困難を来すのである。

　　そのようなハンディキャップを持ちながらも、Ａ子は大学生活の中で音楽サークルという自分の居場所を探し当てていた。Ａ子は多くの時間をバンド・メンバーと共に行動し、「なんだかわからないけど面白い奴」（＃58）と、それなりに受け入れられていた。Ａ子は其処で、良くも悪くも若者らしい対応に揉まれながら関係を築いていった（＃47〜50、52、53、55、56〜57）。人の日常的行動は、複雑な物理的・社会的な環境条件下で、言語的・非言語的な行動が複雑に組み込まれた行動連鎖であり、人は対人相互作用の中でそのルールを理解していく（加藤ら，1991）。Ａ子は認められたい願望から、「変な人」（＃44）だけではないことを示すために、できるだけ愛想良く振舞う

よう努めた可能性がある。しかしながら、HFPDDの場合、興味がある話題については熱心に語るが、他者の興味に付き合わず、話を聞いていないことが多い（辻井，1996）。日々のつきあいの中で、鍍金（メッキ）は容易く剥がれ落ちたのか、A子はN君に常時窘（たしな）められていた（#47〜50、52）。A子がN君に全く従順だったのは、第1に、N君がA子を良く観て知っており（#47〜50、53）、恐らく彼なりにA子の"人となり"を理解しようとしていたこと、第2に、A子に対して友人としてごく自然に接していたこと（#47〜50、53）、第3に、それらがA子にも伝わっていたこと（#58）が推考される。身近に（＝身体が近い）接する中で相手を良く知るほど有効な対処法がわかるものである（中島，2006）。N君のみならず、他の友人らもA子の様子を気遣ったり（#46）、パニックになっているA子を心配したり（#54）、相談にのったり（#59）と何かとA子の世話を焼いていた（#58）。友人らもA子の問題行動に対して、最初は"引いた"に違いない。しかし、徐々に、A子にそれなりのポジションを与え、A子独特の世界を真っ向から否定することなく、ありのままのA子を受け入れ、自然に接していたのではないだろうか。もはや子どもとは言えないが、未だ部分的には子どもを延引する大学生の自然発生的小集団においては、このような"素朴な柔軟性"が見られることがある。また、HFPDDの場合、他者の体験を理解することは難しいが、彼ら自身は様々な体験を経てきている。いじめ体験のトラウマがあるA子は、「同年代の仲間の活動からは、除け者にされていることが身にしみて判って」（Attwood, 1998/1999）いただけに疑念も湧いてくるようだった（#47〜50）。村瀬（1984）は、人は他者や自然と自らの身体を使って関係しながら、「関係の中で生きること」によって成長すると述べている。A子は、後に友人らに対して感謝の気持ちを素直に表現している（#58）。そういうA子の"人となり"も、また、周囲

の友人らを「察することのできる大人」（#58）にしていたのかもしれない。

　このように、A子は入学当初から切望していたこと（#2、17〜21）を遂に成就したのだが、現実の対人関係はA子には想像も出来なかった苦楽を同時に与えることになった。A子は、中学校や高校でA子なりの社会経験はあった（#53）ものの、基本的な対人関係の発達には"遅れ"を生じざるを得なかったからである。

**(2) 異性に対する感情について**
　アスペルガー障害の人が異性に対して恋愛感情を持つことがあっても稀有なことではない。例えば、ドナ・ウィリアムス（1992/1993）のように、周囲から奇妙に見える関係でも当事者間で成立しているのなら問題ない。問題になるとすれば、A子のような片想いの場合である。第1に、A子はZ君のことで喜怒哀楽が激しく変化し（#46、47〜50、51、54、56〜57）、Z君の話題で過度に興奮する有様は小学校高学年くらいの反応だった。A子にとっては、そうなるだけの十分な理由があったのだろうが、関係を作って巧くやっていくというところにどうしてもハンディキャップがあるのも確かだった。A子は面接初期から比べると思考や感情を随分言語化できるようになったが、A子にとって新奇で捉え難い思いを言葉にすることには困窮するようだった。それは恋愛感情の芽生えといえなくはないが、普通なら小学生で体験するような事を大学生で体験する、というように時差が存在するのである。アスペルガー障害の人にとって親密な関係は、その成長に時間を要するのだろう。また、筆者がZ君に会いに行く提案をしたときの返答は興味深い（#54）。メンバーの卒業にもあるように（#53）、彼らにとって、どこまでがリアルな生活範囲として捉えられているのかが表われているところではないだろうか。A子

は大学生活における音楽サークルという場所でZ君と繋がっているのであり、Z君との関係はそこで展開されるべきものであり、従って、その延長線上にない全く別の場所で会う必要性が思い浮かばなかったのかもしれない。第2に、A子は自閉的特性をZ君に存分に見せつけている（#46）。そして、それをどう思われているかということは大して気にすることなく、突然、結婚宣言をしたり、周囲にZ君への好意が露骨にわかる言動を繰り返している（#53）。ここでは、彼らの突発的・急激的な接近や過剰行動が関係を保つことを困難にするだけではなく、限りなく自己完結に傾倒する特質が顕著だと思われる。Z君は仲間としてはA子を受け入れていたようだが（#46、53）、A子の歯止めの効かない一方通行的行為には辟易していたことが推測される（#53、54）。能力が高いHFPDDの人でも、ある行動がなぜ受け入れられないかを詳しく説明しても理解出来ないことが多いという（Howlin, 1997/2000）。A子はZ君から何かを感じたのか、A子なりの対処はしたようだったが（#53）、拒否される理由まではわからずにいたことが推察される。アスペルガー障害の人は、感情を言葉で伝えられてもその意味が理解出来ず、他者の感情を理解しないまま自分の思いが先行して関係を悪化させることもあり得る。異性間に纏わる繊細な感情のやりとりは、最初から相手に伝わると約束されているわけではない。相手を理解したいといった意志を示し続けることで未知の文脈がやりとりされ、互いに浸透するというような場合も多い。A子においては、まず、そういった感情のやりとりという手続きが、言語・非言語のレベルで欠如しているのだと考えられる。このように、対人関係における適切な距離や間が掴めないHFPDDの特徴は、関係が親密化するほど際立つように思われる。第3に、A子はZ君のことで不安定になると、筆者に対して一方的で強引な行動を続け、面接では不適応行動が頻出した（#47〜50、51、53）。しか

し、それは、A子が現実世界のつきあいの中で壁に突き当たり、自分を理解してくれる学生相談室カウンセラーとの関係において何とか解決策を見出そうとするA子の成長の過程であると考えられた。「日常的な信頼できる他者との間で関係性を十分に実感できていくための橋渡しの役割を果たす」学生相談室カウンセラーとの「『つながれる』という感覚」は、「青年期以降の彼らのあり方を考える上できわめて重要」（辻井，1996）である。筆者は、A子に具体的な社会的スキルを教え定着させることが必要という考えは変わらなかったが、さらに、A子に寄り添い、A子が同輩集団の中で仲間として承認され、ある程度は理解されていることに自信が持てるような支援をすることが肝要だと考えた。ただし、Z君に関しては、第1に、A子にとってZ君という刺激が強過ぎて、過剰反応になるので積極的には話題にしなかった。第2に、「純粋に」（#53）一緒にいたいという淡い想いだけの、未だ恋愛感情とまでは言い難い気持ちのA子に、つきあい方のスキルを教えるのは早計であると考えた。やがて、A子は後輩やネット上の友人にZ君について相談するようになったが、それは、普通の女子学生が自然に友人と共有している事柄の一つ、"コイバナ（恋の話）"であり、A子は、まさにそれを自然に体験しているのだと思われた。

## 10. 高機能広汎性発達障害の大学生の仮想世界でのつきあい

　HFPDDの人がコンピューターやゲームに造詣が深いことは知られているが、A子もパソコンに精通しインターネット・ゲームを作成

する一人だった。しかしA子の場合、「自閉的ファンタジー」が「オタク的な興味」、「趣味という形に洗練されたもの」(杉山, 1996)という印象は殆ど受けなかった。A子が持参したネット上の友人とのメールの内容やチャットの記録（＃51、53、58）には、大学生という今の時間を生きるなど等身大のA子の思いが伝わってくるような言葉が溢れていた。また、現実世界では困難を生ずる障害や家族についての心情吐露が、友人への「共感」（＃53）として書かれており、現実世界でアスペルガー障害をもって生きるA子の孤独な内奥を披瀝していた。

　一般的には、インターネット上の仮想世界での関係を現実世界での関係と全く同じ次元で扱うことはできないだろう。しかし、現実世界でも日々迷路を模索しているのかもしれないHFPDDの青年にとってはどうだろうか。彼らにとってはどちらの世界に在ろうと、そこに在ること自体が迷宮体験であり、孤憤の謎解きに満ちているのではないだろうか。辻井（1996）は、彼らが「自閉的ファンタジー」の中で生き生きと反復的体験をし、現実世界と距離が取り難いその「リアルさ自体が特徴的」であると指摘する。そうすると、ディスプレイの中で繰り広げられる仮想世界も、彼らにとっては、ある意味では一つの現実といえるのかもしれない。彼ら固有の世界観では、仮想世界と現実世界での体験は、同一とまでいえずともそう変わるものではないのかもしれない。臨床心理学的立場からは、仮想世界と現実世界との区別ができること、切り替えられることが重要で、両方の世界を行き交いできる心の自由度がどれくらいあるのかという点に着目すべきだろう。A子にとっては、仮想世界でのつきあいは、「知り合いを見つけ、共通の思いを語り、助言を受けられる機会」（Attwood, 1998/1999）であり、コミュニケーション空間としての有用性が大きかったのではないかと考えられる。

## 11. 高機能広汎性発達障害の大学生の就職活動について

　HFPDDの大学生に対する学生相談室の支援が、卒業後を見据えた学生生活における学内支援の一環とするならば、A子は新卒採用を果たせなかったのだから、就活への支援は失敗だったことを認めざるを得ない。以下では、その敗因と、卒業後に可能となった就労の要因について考察する。

**(1) 普通者として就職することで生じる問題**
　A子は、他の学生と全く同じ土俵に立って就活を行わねばならなかった。
　杉山ら（1996, 1999）と杉山（2000）は、HFPDDの青年の就労困難に起因する、二つの問題を指摘している。
　先ず、対人関係技能(スキル)の問題である。A子のように知的障害を伴わない場合、通常教育を経て、普通者と「競争して就職する必要」（栗田，1999）に迫られる。そして普通者として就職すれば、彼らの対人関係技能(スキル)や社会性についての障害は「公的には認められず」（栗田，前掲）、仕事の中で登場する多彩な対人的交流が要求される。しかし、アスペルガー障害のなかでもA子のような「積極的奇異型」（杉山，1995）は、職場の対人関係における「『定式化されたルール』と『暗黙のルール』」（山崎ら，2009b）の理解に難が生じる。また、アスペルガー障害の青年は、基本的な対人関係技能(スキル)や社会性の獲得が不十分であるにもかかわらず、本人にその自覚が乏しいという、実力と認識との間の隔壁(ギャップ)があるといわれている（小林ら，1999）。A子は就活時において、会話の言い回しや適切な振る舞いに支障をきたし、想定外の質問に対しては的外れな回答が頻出していた（#62、63、72）。「対

人コミュニケーション能力に不安がある」(#72)との面接官の指摘は、普通者としての水準では真っ当だったが、A子は自分なりに精一杯努力していたので不採用という結果に非常に傷つき、憤慨した(#63、67～68)。

　次に、仕事能力そのものの問題である。A子には興奮性・攻撃衝動の激しさと制御不全（#69、71、74、82、85）、癇癪（#67～68、88、89)、独語(#87)のような社会性の障害(Wing, 1996/1998)が依然として見られた。しかしながら、自閉症の就労については問題行動の有無やその制御が必ずしも就労の前提条件ではないとされ、むしろ、職場適応はどれだけ仕事ができるかどうかにかかっているとされている（杉山ら，1996、上岡，1997、上岡ら，1999）。HFPDDの青年のように知的能力が正常以上の場合、周囲から要求、期待される作業能力も高い傾向にある（杉山ら，1994）。彼らは、普通者として仕事の完遂を求められるのである。そこでは、彼らの知的能力と作業能力との不一致が顕著になる。彼らの有する「執行機能（executive function)」不全は、業務内容によっては作業効率が悪く、低い労働力として評価される可能性が高い。「執行機能」不全は、物事を予測し見通しをたてたり、視点を変換したり、多岐的に判断を下すことを困難にするといわれる。つまり、思考の柔軟性の問題である。彼らには、予定を組んだり、それを臨機応変に切り替えたり、仕事の片づき具合を見ながら別の仕事を行うといった時間的判断を要する「先読み」能力の障害が想定されている。また、彼らは二系列の仕事を同時にこなすのが苦手である。過程が直線的な直列的作業では特性を生かせるが、過程が多岐に枝分かれした並列作業には難が生じるのである。知的能力が非常に高い人でも電話を聞きながらメモを取るといったことが著しく不得手である。A子は電話中にメモを取る素振りをした(#75～77)。容易に嘘だとわかる言動も特徴的だったが、メモを取ろ

うとしなかったのは、実は並列作業が苦手だったことが推測される。仕事場面では、このような HFPDD の青年のもつ器質的問題が前面に出てしまうのである。

　以上のような問題は、普通者として働く限りは当然要求されることであるが、HFPDD の青年は、それに適切に応じることができない可能性が高くなる。また、A 子が嘆いたように（#63、72）、HFPDD の特徴が面接での応答や態度に表れると、それは相手方に否定的に受け取られてしまい、不採用の確率も高くなることが推察される。

### (2) HFPDD の特徴から生じる問題

　A 子が面接のみならず筆記試験で落ちることは筆者にとっても想定外であった（#67～68）。

　就労においては、就労希望者に、職業に対する興味、職業適性やその他の諸条件と職業を対置し、その総体的な関係が許容される範囲かどうかを判断する「マッチング」（梅永ら，1991）が重要とされる。自閉症者の場合、適した職に就けば普通者と同などかそれ以上に働くことが可能とされている（杉山ら，1996）。HFPDD の青年にとっても職業選択は安定就労の決め手となるといっても過言ではないだろう。彼らに適した職業は、対人接触が少なく、あるいは高度な対人関係技能（スキル）を必要とせず、一定の状態を維持することが可能で、高い機械操作能力や視覚的記憶力を生かせるような業種とされる（Attwood, 1998/1999）。具体的には、倉庫管理、在庫管理、分類整理業、図書館司書などがあげられる（杉山ら，1994）。しかし、HFPDD の青年の場合、手に職をつければよいというわけではない。彼らは、勤労意欲の持ち方自体が独特であるため、普通者と同じ支援では成功しないとされる（山崎ら，2009a）。A 子は、面接対策が「頭に入り難い」（#72）と就活への興味が薄れていることを訴えた。やりがいのある仕事

に就くことが精神面・経済面において満足した人生を送る原動力になるのは、HFPDD の青年に限ったことではない。しかしながら、興味の限局（杉山，1999）という特徴から逃れられない彼らが、興味を持った仕事に就くということは、その一般的な意味以上に切実な意味を持つのではないだろうか。「継続してやらなきゃいけないことに自信がない」（#80）という言葉は単なる弱音ではなく、興味がないことを継続して行うことは困難、という心底からの訴えだったのかもしれない。

　HFPDD の青年も、就労によって社会における自分の居場所を見い出さねばならない社会的存在である。アスペルガー障害の青年は現実との隔壁（ギャップ）から挫折しやすく、A 子のような「積極的奇異型」は、就職しても社会的予後は困難に満ち、安定就労には程遠いとされている。就活の職業適正についての周到な検討は、就活支援において必須であると考えられる。

### (3) 支援方法をめぐる問題

　就活で「ハードルとなるのは面接」（杉山ら，1999）である。

　A 子も面接に苦戦した（#63、72）。筆者は、まず、自己紹介文、履歴書用写真、服装、髪型や化粧について助言した（#61）。次に、A 子は視覚的記憶が定着しやすいことがわかっていたので、"視覚的手がかり"（#21～）を活用した支援を試みた。"視覚的手がかり" を電話の応対（#61）や面接試験の練習（#62、63、72）に用い、自宅でも使うよう指示した（#61）。また、対処本を読む、学内の就職相談室を利用するなどの助言も行った（#60、67～68）。さらに、筆者は、就活には家族の協力が不可欠であると考え、父親面接によって家庭内支援を強化した（#64）。

　結果として、筆者が最も実感したことは時間不足であった。

HFPDDの青年に対する就活支援は、一般学生の就活が始まってからでは遅すぎるのである。A子は、出勤日を忘れたり（♯53）、集合場所に行けず（♯86）解雇されるなどアルバイトでさえ不採用が続いていた。遅刻常習者で、最後まで面接時間を確保することもままならなかった（♯61、70、71、73、81、88、89）。筆者に与えられた時間は過酷なほど少なかったと言わざるをえない。

　この頃、大学生の就活の始期は年々前倒しになってきていた。多くの学生は3年生で就活を始めた。HFPDDの青年が他の学生と横並びに就活をするのならば、普通者より早い段階で準備を始めなければならないと思われる。では、いつ頃から始めればよいのだろうか。普通者がそうするようにHFPDDの青年が、サークル活動を楽しみ、友人と遊び、アルバイトもする場合は、どうすればよいのだろうか。殆どの大学では、就職相談室が設けられ、就活のための講座や個別支援が受けられるように整備され、キャリア支援が盛んに行われている。A子も学生相談室カウンセラーの助言もあり利用した（♯67～68）が、一般の学生以上に特別な支援が受けられるわけではなかった。

　人はみな平等な労働の機会および環境が与えられるべきであり、障害のある人には個々に適切な労働の機会および環境が与えられるべきであるという考えに異論を唱える人はいないだろう。しかしながら、本邦では、HFPDDの大学生の就活に対する具体的・効果的な支援については、未だ十分に議論されていない。

　辻井（2005）は、「発達障害者支援法」（2004年制定）の意義を考えるうえで、HFPDDは「最も典型的な障害」であると述べている。「発達障害者支援法」における障害概念は、典型的な発達のあり方（定型発達）と比して、生得的な生物学的要因による非定型の発達（Atypical Brain Development）のあり方を想定している。これまで発達障害児者は、生来の発達障害についての無理解により早期療育から

取り残されてきた。従って、二次障害（虐待やいじめなどによる精神障害）の合併により支援が始まることが少なくなかった。発達障害児者は、その障害について正しく理解され支援されることによって、就労という社会参加が可能となる。「発達障害者支援法」では就労支援について明記されている。そこでは、「都道府県及び市町村は、必要に応じ、発達障害者が就労のための準備を適切に行えるようにするための支援が学校において行われるよう必要な措置を講じる」とされる。

このように、発達障害者への就労支援は教育機関で行うとするならば、そこには大学も含まれてくるのではないだろうか。現況では障害手帳を取得できないHFPDDの青年[5]の職業的自立に対して、大学における組織的な学内支援は不可欠である（梅永，1997）。筆者は、HFPDDの支援を行うとき、学生相談室だけでは現実的に不可能であると考える。今後はHFPDDの学生の就活支援について、大学が組織的に取り組み支援していく必要性を強く訴えたい。そして、学生相談室は、組織的な学内支援が可能となるよう大学内連携（キャンパス・ネットワーク）の拠点として機能しなければならないと考える。

(4) 家庭内支援について

A子の就労に対して家庭教育が与えた影響は大きかったと思われる。

辻井（1996）は、HFPDDの青年への支援と両親に対する支援要請の均衡を図らなければ功をなさないどころか「知らないところで治してくれる」という期待を両親に生み出しやすいと述べている。A子の両親の場合、学生相談室カウンセラーに対する思いは複雑だったこ

---

5　HFPDDの青年は障害手帳を取得し、障害者として生きるべきという意味ではない。

とが推測される。A子は大学生活の中で随分成長したと思われるが、A子の話を聞く限りでは両親はそうは思っていないようだった（♯62、64、65～66、69）。自閉症児の発達過程では多かれ少なかれ逸脱が生じ、発達の仕方も円滑ではなく、巧緻性や欠落といった不均衡が生じる。HFPDDの青年にも成長していく部分と、器質的問題によって著しく停滞する部分が存在する。両親は後者の部分にどうしても目がいってしまうのかもしれない。目立った成果が認められないことへの不満や不信が、障害を発見してしまった学生相談室カウンセラーに対して向けられていたのかもしれない。

　HFPDDの大学生の就活支援では、学生相談室カウンセラーが両親の障害受容に至る心理過程に寄り添い、HFPDDに対する理解や現実的支援について、本人と両親の希望を具体的に話し合って進めていくことが理想的だと思われる。しかし、本書の事例については、それは困難だった。筆者は当初から親面接に積極的で、就活支援も両親との共同を図ろうとした（♯64）。しかし、A子の障害にかかわる抜本的問題について話し合われることはなく、両親の障害受容については定かではない。両親にとって学力的問題のないA子の障害受容は、その必要に迫られたものでもなく、極めて困難だったことは確かである。両親は、あくまでも普通者としてA子が就労可能な業種を望んだのだろう。A子は、卒業後、両親の勧める業種に就職した。自閉症者は親の忠告を素直に受け入れる傾向があり（Howlin, 1997/2000）、それはA子にも顕著だった（♯70、♯72）。A子は反発もしたが、基本的には従順だったため、両親の勧める業種を徐々に受け入れていったことが推測される。

　A子の両親は、専門機関を訪れるも障害判定のなかったA子を普通者として育ててきた。《怠惰で変わっている》（♯5～6）我が子に対して、普通者ができること（時間を守る、他人と合わすなど）ができ

るよう教育してきた良識人である。上岡（1997）は、自閉症の就労者の殆どが基本的生活習慣や家事の家庭教育がなされており、就労には家庭教育が少なからず影響すると述べている。自閉症児者の考え方は母親の考え方と重なる部分が多いとされる（片倉ら，1996）。母親は、普通の母親がそうするようにＡ子に家事の「お手伝い」（杉山ら，1994）をさせた（＃70）。大学生は皆やっていることとして、有意義な「対人関係の経験」（杉山ら，1999）ができるアルバイトを勧め続けた。また、「仕事というのは言われたことをきちんとしないといけない」（＃65〜66）という父親の考え方をＡ子が取り込んだ可能性も否定できない。このように、愛情に裏付けされた（＃70）、常識的視点を育まれた成果は過小評価できない。Ａ子の父親と同様に、筆者が最も憂慮したのは安定就労であった。不器用で（＃62）、正直すぎる（＃72）Ａ子が、興味を持てない仕事に就くことには大きな不安があった（＃86）。HFPDDの青年は、職場では「自分なりの工夫」をしながらやっていくが、「アクシデント」に対する動揺が大きいため理解者の支援が必要とされる（杉山ら，1999）。Ａ子のような積極的奇異型は、愛着形成不全で自他の重なり合いの体験が不十分（＝超自我が未形成）なことが多いとされている。しかしながら、Ａ子については、両親の現実的支援のみならず、就労に至るまでの家庭教育の成果がＡ子に内在化され（＝超自我が形成され）、就労における心理的支援になっていたことが推察される。

## 12. 高機能広汎性発達障害の大学生にとっての卒業という別離

### (1) "心の時差"について

　A子は、卒業は音楽サークルのメンバーとの別れでもあるという現実を受け入れる態勢がなく、受け入れるためには時間を要したのだと思われる。

　音楽サークルのバンド・メンバーは、行動を共にし、自分を気遣ってくれ、心配してくれ、相談にのってくれ、世話をやいてくれる、A子にとって初めての友人であり仲間だった。A子は、他者と繋がりたいという強烈な欲求から（辻井，1996）、仲間との関係が永遠に変わらず続くような錯覚に陥っていたのかもしれない。卒業後も、もう後輩しかいない音楽サークルにやって来たのは、卒業して「バラバラ」（♯83）になったバンド・メンバーとは、"心の時差"が存在していたのだと思われる。

　筆者は、〈大学の友人は一生の友人〉（♯53）、良い友人に恵まれた（♯74）、〈バンド・メンバーのおかげで楽しい大学生活を送れた〉（♯84）と、A子の友人関係を支持し続けた。アスペルガー障害の青年は、成人の価値観に似通っており、友人関係を理知的な範囲に止める傾向があるとされる（Attwood, 1998/1999）。A子の場合は、理知的な範囲に止めようとしても、内から込み上げてくる感情的なものに覆われてしまうといった内的葛藤が繰り返しあったことが推測される。過去に体験したいじめ（♯24、25）とは異なる、親しい友人からの不快なからかい（♯88）という両価的感情（アンビバレンス）に引き裂かれ、そのつど対処を考え、「自己解決した」（♯83）のではないだろうか。また、現実に迫り来る別れを予測できないわけではなかったために（♯82、83）、そ

の受け入れ方に戸惑い、不安定性が強化されたのだろう。このように、自己破壊不安に直面しながらも到達した「ある人はその人を友達と思っていても、その人はそう思っていないこともある」(#83)という視点の転換には、知的に高いA子が試行錯誤してきたゆえの心理的成長が表出しているのだと思われる。

　しかし、Z君に関する自分では扱いきれない情況下になると、興奮性・攻撃性の激しさと制御不全、独語が出現した（#87、88、89）。A子はZ君に対して持ってはいけない「変な気持ち」(#84)を断ち切れず、そういった気持ちを上手く言語化できない自分をもどかしく感じていたのではないだろうか。アスペルガー障害の人は、自分が好きなら相手も自分と同程度の気持ちを抱いていると思い込み、自分とは異なる相手の気持ちが理解できないことがある。このような場合に、自分の気持ちを上手く表現できないことで共感性を欠くといわれるのである（Attwood, 1998/1999）。従って、Z君との別れは、A子にとって自分が一方的に好きでもどうしようもできないこととはどういう事かを"体験する"絶好の機会(チャンス)であったと思われる。とはいえ、大学生活での甘酸っぱい思い出として、というのはやはり幼すぎる体験であろう。ここでも、普通なら小学生で体験するような事を大学生で体験するというような"心の時差"が存在していたのだと思われる。

### (2) 学生相談室カウンセラーとの別れ

　筆者は、卒業は、A子にとって別れたくなくても別れなければならないことがある（どうしても自分の思い通りにならないことがある）という事を"体験する"好機であると考えていた。
　まず、A子は別離に対して、「将来の不安と言ってもそれはこれから自分で考えていかなければならない」(#88)と知的理解を示した。しかし、だからといってどうすればよいのかはわからなかったのだろ

う。アスペルガー障害の生来の対人相互交渉の質的障害が（Wing, 1996/1998）、不連続性（#83）や興奮性・攻撃性の激しさ（#88、89）といった行動上の問題として表出した。

また、コミュニケーション障害や想像力の障害（Wing, 前掲）による卒論や単位修得の問題も浮上した（#73）。しかし、これらについては、学生相談室が学内連携（キャンパスネットワーク）の拠点として上手く機能したのではないかと思われる。筆者は、校医に相談し（#75～77）、C教員（#74、75～77、78～79、85）や保健室の看護師（#82、89）と情報交換し、A子の父親に家庭内支援を依頼した。勿論、全てが円滑に進んだわけではなく、筆者は一生懸命支援すればするほど疲労感を覚えることも多かった。A子は、興味の限局や自閉的ファンタジーから解放されることは最期までなかったからである（#67～68、69、71、72、73、74、75～77）。しかし、まず情緒的な働きかけがあり、言語的成果はその後からついてくるものである。筆者は、文句を言ったり、意気消沈して弱音を吐くA子を、ユーモアを交えたコミュニケーションで笑わせながら、励まし、褒め続けた（#71、74、81、84）。A子は、音楽サークルについての悩みに関しては筆者の支援を嬉しそうに受け入れ、筆者の助言に従った（#60、61、62、67～68）。そして、卒論や単位修得では意志低下は頻繁だったものの、［やらなければならないこと］（#71、81）という筆者が"視覚的てがかり"繰り返した言葉は、やがてA子の言葉として発せられるようになったのである（#83）。

HFPDDの青年は、「ある種の信頼関係」（山崎ら, 2009a）においては、彼らなりに応えてくれるようになるという。「自分を一番理解してくれている」（#5～6）というA子の発言から始まり、A子とネットの友人とのチャット記録にも見られるように（#58）、A子と筆者には当初からラポールが形成されていたことは確かであると思われ

る。そして、それは大学に至るまで理解者に恵まれなかったA子の方に何よりも先ず信頼できる人間関係が必要とされていたからだと考えられる。A子は学生相談室カウンセラーとの信頼関係を拠り所として、友人関係を育んでいったのだと思われる。また、専門家として常に一定の態度を保持した学生相談室カウンセラーという存在は、A子に、それまで体験したことのないような安定感や安心感をもたらしたのではないだろうか。むろん十分ではなかったとは思われるが、こうした安定感や安心感を得たことにより、A子は、苦手な授業、音楽サークルでの活動、仲間とのつきあい、恋愛、アルバイトや就活と次々に新たな事に挑戦し続けることができたのではないだろうか。辻井（1996）は、HFPDDの青年には、「不安に揺るがされてもて余したりもしながら、しっかりと探し求めていく姿がある」と述べている。卒業という別離は、A子にとって乗り越えなければならない非常に辛い試練だったと思われる。しかしながら、A子は5年間の大学生活において、それが可能な程度の成長は遂げていると考えられた。

# 第Ⅳ章　結論

## 1. 高機能広汎性発達障害の大学生に対する心理臨床

　学生相談においては、限りある時間の中で最大限の支援が求められる。そして、HFPDD の大学生が、大学生活において、青年期の若者らしい体験を思い存分堪能するための支援は、現実には容易なことではない。しかし、彼らがそれを求めて学生相談室を訪れるのだとするならば、学生相談室カウンセラーにはそのような支援が可能となるべく高い専門性が求められているのだと思われる。

　そこには、ここでは HFPDD の大学生である、クライエントの"人となり"を理解し、それらを受け容れることから始まる心理臨床の本質的意味が含まれているのではないだろうか。

　心理臨床家であるならば初めてクライエントと対面するとき、既有の専門的・経験的知識でもってクライエントの呈する問題を早急に理解してしまわないように心がけようと努めるだろう。それは心理臨床家という仕事を生業(なりわい)とする日常においては案外難しいことではある。しかしながら、本書の事例のように、これまで出会ったことのないような未知のクライエントが訪れた時こそ、忘れてはならない大切なことなのだと思われる。

それは、未知のクライエントに対する技術(アート)が無いがために、クライエントと誠実に向き合うしかないということに尽きるであろう。
　クライエントに向き合うとき心理臨床家は、先ず、クライエントを見るだろう。それは自然な営みともいえる。心理臨床家の仕事は、その都度の実践の場にその身を置くことから始まる。このとき心理臨床家であるならば、どのような場に居ようとも、先ずもって眼前のクライエントの生(なま)の姿、つまり、そのありようを十分に見るという作業から行うだろう。実践の場では、クライエントの心理臨床家に対する態度と、それに応じる心理臨床家の態度という両者の間柄が含まれた態度が、クライエントと心理臨床家が関係する場の在り方として表出される。そこに立ち現れている事態、すなわち、そこから見られた"見え"を不断に汲み上げていくことが、結果としてクライエントを十分に見ることになるのである。そこに表出された"見え"は突如として生じたものではなく、奇跡的に舞い降りた特別なものでもない。様々な曲折を経た上で在って然るべき事態である。だから、心理臨床家が眼前のクライエントのありようを十分に見るということは、そこに立ち現れた事態のうわべを眺めることではない。事態の背後にあるクライエントの心的現実を、往々にして辛苦を伴いながらも引き受けていくことになるのである。
　このように、心理臨床家がクライエントを十分に見るためには、ある心身の構えをもってそこに臨む必要がある。ある心身の構えとは、心理臨床家になるべく訓練のなかで先達の動作や工夫を倣いつつ習得した、あるいは経験的に身についた基本的動作のイメージである。臨床における、一連の言動の源泉となるような心身の深淵に根づいた心構えであり身構え、いわば準備状態である。それは実践という場を抱え、クライエントに対して常に配慮を示し、クライエントと心理臨床家の関係を生み出す心身の構えであるといえる。

筆者は、これを「意図的態度」（中島，2006、p.173）としている。

　態度（attitude）とは、日常における一般的行動傾向、心的に安定した行動の準備状態であり、ある事柄に対する行動決定の機能を持つものである。「意図的態度」は、専門家資格を得る訓練過程において、一定水準まで身についた心理臨床家としての基本的動作であり、心理臨床家として行動する際には自ずとなされる態度である。そして、心理臨床家が「意図的態度」で臨む時、心理臨床家に生じる想像を「許される想像」（中島，2009c、p.8）と呼ぶことにする。臨床における想像は単なる空想ではない。そこには、クライエントに対する温情と冷静を併せもつ専門家ならではの洞察力に裏打ちされた"見え"がある。眼前のクライエントを十分に見るという「意図的態度」が貫かれるなかで生じる想像である。ここで強調せねばならないのは、心理臨床家に「許される想像」が駆使され得るのは、特殊な能力が心理臨床家個人に備わっているからではない。積習された訓練と経験によって培われた専門的技能に依ること以外の何でもないという点である。眼前のクライエントに向き合い、そこでの"見え"の独自性（entity）を考究する一連の作業は、心理臨床家として身についた「意図的態度」によって、臨床心理学的研究となり得るものである。

　とりわけ、コミュニケーションの障害が基本障害の一つであるHFPDDの事例においては、クライエントをよく見るという局面に光を当てることは重要であると思われる。先ず、眼前のクライエントの見え方、それがどう見えるかということに力が注がれ、そのときそこで心理臨床家が揺り動かされた、心理臨床家自身の感性を通して見た上でのクライエント理解においては、クライエントとそこで共に在る心理臨床家自身が浮き彫りにされる。

　わかりあえる喜びは、わかりあえない寂しさを消去したりはしない。わかりあえない寂しさも人間にとって必要不可欠だからである。

かといって、わかりあえない寂しさがわかりあえる喜びを脅かすことはない。わかりあって喜んだり、わかりあえなくて寂しくなったり、そういったことを幾度も繰り返しながら、そこで生じている意味を、一人ひとりの心理臨床家が、その都度、わかろうと務めるのが心理臨床ではないだろうか。

　人間には関係性のなかで生きるという宿命がある。本書の事例においても、クライエントと心理臨床家（学生相談室カウンセラー）は両者の関係性において互いが存在し、その関係性において互いに"わかりあいたい"という思いが生まれているのではないだろうか。この"わかりあいたい"という思いは、宿命に根ざすゆえに切なく、だが、障害によってその全てが失われることはないのだと、筆者は確信している。

　いかなる心理療法であれ、そのなかで心理臨床家がクライエントを十分に見るということには、心理臨床家がクライエントとの共存空間にいながらにして、同時にそれを俯瞰して観察するという作業が含まれている。それは結局、クライエントをどのように考えるのかを心理臨床家が自らの言葉で表していくことである。しかし、未知のクライエントを秩序正しく完璧に表そうとすると表わしきれない事態に遭遇する。自らの言葉であるにもかかわらず、何か違う、あるいは微妙に違うと感じたり、言葉の方が驕っていると感じたりしてしまうのである。言葉は万能ではないからである。それは、言葉では表現できない現実と折り合いがつかなくなる瞬間である。それでも気を取り直して、たとえ時間がかかろうとも、また言葉を探して、悩みながらも綴っていくしかない。そこでは読み手とわかりあうことを前提として言葉を綴る。わかる人だけがわかればいいという自己満足や、一般には単純に悪いとは言えない思い込みは、心理臨床家という仕事を生業とするには打ち勝たねばならない誘惑である。

だから、心理臨床家を生業とする者には奇跡(ミラクル)などないのである。来る日も来る日も臨床を行い、その資料を基に理論研究を行い、それを公表、共有、修正し、その理論を臨床現場で実践し、その実践を検討するということを繰り返す。あるのはそういった日常の努力と精進だけである。

## 2. 今後の課題

　本書は、HFPDD の大学生に対する学内支援という研究の端初に過ぎない。
　その目的は、HFPDD の大学生を正しく理解し、支援することにある。
　HFPDD の大学生に対する学内支援においては、彼らの大学生活における諸問題の解決が不可欠であり、大学の組織的な学内支援のあり方が問われるところである。
　本書では、学生相談室や大学の組織的な学内支援が HFPDD の大学生にとってどのように有用であるのかを考察した。それは筆者が本書の事例を通して、このたび考えた有用性である。従って、また異なる有用性もあると、専門家である我々一人ひとりが考え始めたとき、このたびの有用性は、さらに、深く如何様にも広がる可能性をもつものである。言うまでもなく、発達障害あるいはアスペルガー障害と診断名を言えばそれで全てわかってしまったような気になることには憂慮せねばならない。筆者は、丹念な事例研究を積み重ねて思考していく慎重かつ冷静な姿勢が、HFPDD の大学生についての理解や学内支援において最も緊要であることを信じて疑わない。

現在、多くの大学では視覚・聴覚障害・身体障害者に対しては、有償ボランティアなどを配備し大学生活を支援している。学力は高いが、社会常識に欠け、理解者を希求するHFPDDの大学生にとって、"通訳"の必要性は聴覚障害者と同じくらい高いと思われる。筆者は今後も山積みされた課題に真摯な態度で取り組みながら、「関係のネットワーキングを作るコ・オーデイネイター（繋ぐ人）」（羽下，1997）として、大学の組織的な学内支援を模索してゆく所存である。

## 引用文献

American Psychiatric Association（2000）Quick Reference to the Diagnostic Criteria from DSM-Ⅳ-TR APA, Washington DC and London, England.（高橋三郎・大野　裕・染矢俊幸訳（2007）精神疾患の分類と診断の手引、医学書院.）

Attwood, Tony 1998 ASPERGER'S SYNDROME. A Guide for Parents and Profes sionals Jessica Kingsley Publishers Ltd.（冨田真紀他訳（1999）ガイドブック　アスペルガー症候群　親と専門家のために、東京書籍.）

Frith, Uta（1991）Autism and Asperger syndrome. Cambridge University Press.（自閉症とアスペルガー症候群（1996）冨田真紀訳、東京書籍.）

福田真也（1998）人の心をわかる、ということ-『心の理論』とカウンセリング-、武蔵大学学生相談室報告書、**7**：41-47.

羽下大信（1997）心理臨床の森で-自己治癒への道を探して-、近代文芸社.

Harteveld, E. M. & Buitelaar. J. K（1997）Autism-Role of Drug Treatment and a Guide to its Use-, CNS Drugs, **8**(3)：227-236.

星野仁彦（1999）アスペルガー症候群の青年期における諸問題、精神科治療学、14(1)：15-22.

Howlin, Patricia（1997）AUTISM：PREPARING FOR ADULTHOOD Routledge.（久保紘章他訳（2000）自閉症　成人期にむけての準備、ぶどう社.）

池村義明（2002a）児童期における自閉精神病質者-Asperger 症候群の原点と原典（その2）精神科治療学、**17**(5)：639-649.

池村義明（2002b）児童期における自閉精神病質者-Asperger 症候群の原点と原典（その3）精神科治療学、**17**(6)：791-802.

井上雅彦・小川倫央・藤田継道（1999）自閉症児における疑問視質問に対する応答言語行動の獲得と般化．特殊教育学研究、**36**(4)：11-21.

井上雅彦（2004）自閉症児者の感情理解とその指導可能性に関する行動分析学的検討．発達障害研究、**26**(1)：23-31.

石坂好樹（1999）アスペルガー症候群の症状の特異性についての精神病理、精神科治療学、**14**(1)：39-46.

神田橋條治（1997）対話精神療法の初心者への手引き、花クリニック神田橋研究会.

神野秀雄（1987）自閉児の発達と言語、聴覚言語障害、**16**(3)：91-97.

上岡一世（1997）自閉症者の就労に関する研究-就労事例の検討を通して-、特殊教育学研究、**34**(5)：29-36.

上岡一世・阿部　修（1999）自閉症者の職場適応に関する研究-企業就労者の実態調査-、特殊教育学研究、**36**(5)：33-39.

片倉信夫・杉山登志郎（1996）自閉症者を支えるために　共感への新たなアプローチ、特集　自閉症、Imago 10、青土社.

加藤哲文、井上雅彦、三好紀幸（1991）ゲーム指導を通した自閉症児のルール理解

の促進、特殊教育学研究、**29**(2)：1–13.
加藤哲文・小林重雄（1985）自閉症児の聴覚弁別学習に関する行動分析的検討 – 言語音と非言語音への反応傾向の分析 –、特殊教育学研究、**23**(3)：35–45.
菊地哲平・財部古賀精治（2001）自閉症児・者における表情の表出と他者と自己の表情の理解、特殊教育学研究、**39**(2)：21–29.
小林隆児、村田豊久（1990）201例の自閉症児追跡調査からみた青年期・成人期自閉症の問題、発達の心理学と医学、**1**(4)：523–537.
小林隆児、財部盛久（1999）アスペルガー症候群の治療 – 心理社会的アプローチを中心に –、精神科治療学、**14**(1)：53–57.
栗田　広（1999）総論 – アスペルガー症候群 –、精神科治療学、**14**(1)：3–13.
村瀬　学（1984）子ども体験、大和書房.
武藤　崇（2001）自閉性障害児における異同概念の検討 –「関係の概念」に対する分析パラダイムとその援助 –、特殊教育学研究、**39**(1)：1–15.
長沢正樹、森島慧（1992）機能的言語指導法による自閉障児の言語行動の獲得．特殊教育学研究、**29**(4)：77–81.
中島暢美（2003）高機能広汎性発達障害の学生に対する学内支援活動 – アスペルガー障害の学生の一事例より –、学生相談研究、**24**(2)：129–137.
中島暢美（2004）壷イメージとしての夢を語る過程 – トラウマの治癒 –、心理臨床学研究、**22**(2)：117–127.
中島暢美（2005）高機能広汎性発達障害の学生に対する学生相談室の支援活動 – アスペルガー障害の学生に対する教育的面接過程 –、学生相談研究、**25**(3)：224–236.
中島暢美（2006）就職活動ができない男子学生への壷イメージ療法についての一考察 – トラウマの治癒 – 日本心理臨床学研究、**24**(2)：166–176.
中島暢美（2007）高機能広汎性発達障害の学生に対する学内支援活動 – アスペルガー障害の学生にとっての友人関係の意味について –、神戸山手大学紀要、**9**：29–41.
中島暢美（2009a）発達障害の学生に対する学生相談室の支援活動 – ADHDが疑われる学生の事例 –、日本学生相談学会第27回大会発表論文集、114.
中島暢美（2009b）学校臨床における連携のついての一考察 – 広汎性発達障害が疑われる生徒の事例から –、日本心理臨床学会第28回大会発表論文集、168.
中島暢美（2009c）梁幸美論文へのコメント、2008年度心理相談研究紀要弟7号、神戸親和女子大学心理・教育相談室、98–100.
中島暢美（2009d）高機能広汎性発達障害の学生に対する学生相談室の支援活動 – アスペルガー障害の学生の就職活動と卒業について –、神戸山手大学紀要開学10周年記念号第、**11**：157–173.
中島暢美（2010）障害児の遊戯療法、神戸山手大学紀要、**12**：91–117.

仲矢明孝（1994）話し言葉をもつ自閉障児のコミュニケーション指導－応答性にかかわる指導のあり方－、特殊教育学研究、**31**(5)：69-76.
西脇俊二（2003）自閉症の医療と教育、発達障害研究、**25**(1)：24-30.
紀平省悟（2002）自閉症児の早期養育者面接－説明モデルの共有と障害受容－、発達障害研究、**24**(3)：293-303.
岡田敬司（2004）「自律」の復権－教育的かかわりと自律を育む共同体－、ミネルヴァ書房.
太田裕一、桜井育子（2001）危機介入における連携「その2」－システム化のための考察－、学生相談研究、**22**(2)：113-119.
Prizant, B. M. & Wetherby A. M.（1989）Autism : Nature, Diagnosis, and Treatment, In G. D awson（Ed.）, New York.（野村東助・清水康夫監訳（1994）自閉症とその本態　診断及び治療、日本文化科学社、255-279.）
桜井育子、太田裕一（2001）危機介入における連携「その1」－サポートシステムとして－家族が機能しない事例の場合－、学生相談研究、**22**(2)：105-112.
佐竹真次、小林重雄（1989）自閉症児における語用論的伝達機能の発達に関する研究、特殊教育学研究、**26**(4)：1-9.
関戸英紀（2001）あいさつ悟の自発的表出に困難を示す自閉症児に対する共同行為ルーティンによる言語指導、特殊教育学研究、**38**(5)：7-14.
杉山登志郎（1992）自閉症の内的世界、精神医学、**34**(6)：570-584.
杉山登志郎・高橋脩（1994）就労に挫折した自閉症青年の臨床的検討、発達障害研究、**16**(3)：198-207.
杉山登志郎（1995）正常知能広汎性発達障害と精神科的問題、発達障害研究、**17**(2)：117-124.
杉山登志郎（1996）自閉性障害への治療、本城秀次偏、今日の児童精神科治療、金剛出版、62-77.
杉山登志郎・高橋脩・石井卓（1996）自閉症の就労を巡る臨床的研究、児童青年精神医学とその近接領域、**37**(3)：241-253.
杉山登志郎（1999）アスペルガー症候群と心の理論、精神科治療学、**14**(1)：47-52.
杉山登志郎・辻井正次（1999）高機能広汎性発達障害－アスペルガー症候群と高機能自閉症－、ブレーン出版.
杉山登志郎（2000）発達障害の豊かな世界、日本評論社.
高宮静男（2002）小児心身医学における治療ネットワーク2－養護教諭の関わりの重要性－、子どもの心とからだ、**11**(2)：118-123.
高野明、宇留田麗（2002）援助要請行動から見たサービスとしての学生相談、教育心理学研究、**50**(1)：113-125.
高原朗子（1991）自閉児・者の認知の特性に関する研究－位置関係の理解課題を用いて－、特殊教育学研究、**29**(3)：19-28.

竹花正剛、竹花裕子（1994）自閉症児のマカトンサインを媒介とした命名学習、特殊教育学研究、**31**(5)：103–111.

辻井正次（1996）自閉症児者の「こころ」を自閉症児者自身が探し求める場－高機能広汎性発達障害（高機能自閉症・アスペルガー症候群）への心理療法的接近から－、Imago、**7**(11)：109–121.

辻井正次（2003）高機能自閉症児の特別支援教育の現状と課題、発達障害研究、**24**(4)：340–347.

辻井正次（2005）高機能広汎性発達障害児への支援の立場から、小特集（各論）・発達障害者支援法－その今日的意義と将来展望－、発達障害研究、**27**(2)：123–127.

氏家　武（2000）第83回日本小児精神神経学会　二次抄録および追加討論、小児の精神と神経、**40**(3)：203–224.

梅永雄二（1997）高機能自閉症：就労における実態と援助のあり方『心を開く』日本自閉症協会編、**25**：21–27.

梅永雄二・前川久男・小林重雄（1991）自閉症児・者の就労に関する研究－自閉症児・者の職業能力評価－、特殊教育学研究、**29**(2)：33–44.

渡部匡隆、上松　武、小林重雄（1993）自閉症生徒へのコミュニティスキル訓練、特殊教育学研究、**31**(3) 27–35.

Willams, Dona（1992）Nobody nowhere. Times Books.（河野万里子訳（1993）自閉症だったわたしへ、新潮社.）

Wing, Lorna（1996）THE AUTISTIC SPECTRUM. Constable and Company Limited.（久保紘章他訳（1998）自閉症スペクトル、東京書籍.）

山崎晃資、石井哲夫、今井　忠、日詰正文（2009a）座談会「自閉症スペクトラムの人々の就労支援」、特集　自閉症スペクトラムの人々の就労問題、精神療法、**35**(3)：287–305.

山崎晃資、石井哲夫、今井　忠、日詰正文（2009b）自閉症スペクトラムの人々の就労問題、特集　自閉症スペクトラムの人々の就労問題、精神療法、**35**(3)：306–311.

山下八郎、中島暢美（2008）心理臨床における連携と守秘義務の意義についての一考察、神戸山手大学紀要、**10**：51–64.

## 謝　辞

　本書は、高機能広汎性発達障害の大学生と学生相談室カウンセラーとの学生相談の一事例がその起点となるものです。しかしながら、本書で述べたように、多くの高機能広汎性発達障害の大学生は普通者として生活しています。従って、倫理的配慮から人物特定に至らないよう、類似の複数事例を混合し、その内容も一部変えてあります。ただ、だからといって本書の論点に影響を与えることはありません。

　本書が、高機能広汎性発達障害の大学生を正しく理解し、大学における組織的な学内支援を遂行するために、彼らに関わる学生相談室カウンセラー、教員や職員など全ての人にとっての一助となれば幸いです。

　本書は、京都橘大学 2012 年度学術刊行物出版助成に採択され、出版されることになりました。

　事例研究においては、ご助言およびご指導を賜りました西神戸医療センターの高宮静男先生、京都橘大学の羽下大信教授に感謝申し上げます。

　出版については、関西学院大学出版会の田中直哉氏にご尽力いただきました。記して、お礼申し上げます。

2012 年 11 月 11 日<br>
中　島　暢　美

著者紹介

中島　暢美（なかじま　のぶみ）

神戸市に生まれる。

2009年京都大学大学院博士課程修了、博士（人間・環境学）。神戸山手大学を経て、現在、京都橘大学健康科学部心理学科教授。認定臨床心理士。

著書『ディブリーフィング・ワークの研究－看護学生の臨地実習におけるディブリーフィング・ワークの心理教育的意義－』（関西学院大学出版会、2011）

---

## 高機能広汎性発達障害の大学生に対する学内支援

2013年2月20日初版第一刷発行

| 著　者 | 中島暢美 |
| --- | --- |
| 発行者 | 田中きく代 |
| 発行所 | 関西学院大学出版会 |
| 所在地 | 〒662-0891<br>兵庫県西宮市上ケ原一番町1-155 |
| 電　話 | 0798-53-7002 |
| 印　刷 | 協和印刷株式会社 |

Ⓒ2013 Nobumi NAKAJIMA
Printed in Japan by Kwansei Gakuin University Press
ISBN 978-4-86283-130-9
乱丁・落丁本はお取り替えいたします。
本書の全部または一部を無断で複写・複製することを禁じます。
http://www.kwansei.ac.jp/press